Marion Küstenmacher

Aufbruch ins Licht

Marion Küstenmacher

Aufbruch ins Licht

Mit Adventsmystik, Weihnachtszauber und Rauhnächtekraft gestärkt ins neue Jahr

KÖSEL

Aus Gründen der leichteren Lesbarkeit konnte eine gendergerechte Schreibweise nicht durchgängig eingehalten werden. Bei der Verwendung entsprechender geschlechtsspezifischer Begriffe sind im Sinne der Gleichbehandlung jedoch ausdrücklich alle Geschlechter angesprochen.

FSC www.fsc.org
MIX
Papier | Fördert gute Waldnutzung
FSC® C083411

Penguin Random House Verlagsgruppe FSC® N001967

Umschlag: zero-media.net, München
Umschlagmotiv: FinePic®, München
Innenlayout & Satz: Anne Schmidt Design, München
Innenabbildungen: © adobe.stock.com (Hintergründe: Kateryna Kovarzh; Cyrena111; Goldbalken: dlyastokiv; Goldglitter: JMBee Studio)
Druck und Bindung: CPI books GmbH, Leck
Printed in Germany
ISBN 978-3-466-37312-3

www.koesel.de

Meinen Enkeln Vincent und Nikolai in Liebe

Inhalt

Vorwort

Liebe Leserin, lieber Leser,

Weihnachten ist heute das wichtigste christliche Fest, es wird auf der ganzen Welt mit unerhörtem Aufwand vorbereitet und gefeiert. Von der biblischen Weihnachtsbotschaft hat es sich oft weit entfernt. Es wird geliebt als Fest der Familie, der Verbundenheit und vor allem der Geschenke. Für viele spielt die Geschichte von der Geburt des Gotteskindes in Bethlehem gar keine Rolle mehr. Dabei ist diese Weihnachtsgeschichte, wie Martin Luther einmal schrieb, mehr als ein einmaliges Ereignis vor langer Zeit. Sie ist »ein Geschenk, das ewig bleibt«. Ein Geschenk für unsere Seele, in eine unsterbliche Erzählung verpackt, das sie an ihre innerste Essenz erinnern will und darauf wartet, von ihr in Empfang genommen zu werden. Wie also wickelt man dieses Geschenk für sich persönlich aus? Wie sorgt man dafür, im Trubel der Advents- und Weihnachtszeit die eigene Seele nicht zu vergessen und die Verbindung zur innersten Mitte nicht zu verlieren? Dafür ist dieses Buch da.

In diesem Begleiter durch die Advents- und Weihnachtszeit findest du neben meinen Gedanken viele kostbare Einsichten aus Philosophie und Poesie und vor allem aus der christlichen, jüdischen und auch islamischen Mystik. Sie kreisen um Jesus und seine lichtvolle Gottunmittelbarkeit, die schon, so erzählt es Lukas, beim Neugeborenen als heiliger Attraktor wirkte und Menschen unwiderstehlich hin zur Krippe zog. In all den Szenen der biblischen Weihnachtsgeschichte mit ihren archetypischen Gestalten stecken Bewegung, gute Hoffnung, Freude. Alle sind irgendwann aufgebrochen, irgendwo losgelaufen, bevor sie in Bethlehem ans Ziel kommen konnten. Das Weihnachtsevangelium ist Chris Reas Song *Driving Home for Christmas* in der Urversion. Und so will dieses Buch eine Einladung an deine Seele sein, nach Hause zu kommen, zu sich, zu Gott. Ein spiritueller Begleiter, damit du in der vorweihnachtlichen Spannung zwischen Trubel und Stille, Rast und Hast das eigentliche Ziel nicht aus den Augen verlierst.

Für deine Seelenreise durch den Dezember und die Heiligen Nächte bis hinüber ins Neue Jahr und Epiphanias gibt es jeden Tag einen Text von mir, dazu ein Gedicht oder einige Zitate. Wenn du möchtest, kannst du jeden Tag auch eine kleine Achtsamkeitsübung einbauen. Dafür findest du täglich einen kurzen Impuls unter der Überschrift »Kleiner Moment Seelenzeit«. Es kann sich lohnen, deine Erfahrungen damit aufzuschreiben. Am Ende des Buches gibt es außerdem noch ein Register mit Liedvorschlägen zu allen Tagen. Sie sind eine stimmungsvolle Ergänzung zum jeweiligen Tagesthema und wollen zum Singen inspirieren. Du findest die Lieder wie angegeben im Evangelischen Gesangbuch, im Gotteslob und im Internet bei YouTube. So kannst du auch aus den täglichen Bausteinen (Texte, Lyrik, Seelenzeit-Übung und Lied) eine kleine Andacht machen. Wenn es geht, richte dir dafür eine feste Zeit ein. Da der Sonntag für den ersten Advent variiert und der früheste Termin schon am 27. November liegen kann, gibt es für die vier Adventssonntage vier Extraseiten. So kannst du dich schon Ende November mit dem ersten Text auf den Advent einstimmen und mit deinem Aufbruch ins Licht beginnen.

Noch einmal vier Extraseiten gibt es während der Weihnachtsfeiertage und der Rauhnächte. Alle Texte, Impulse und Übungen können dir helfen, in das Geheimnis dieser besonderen Zeit des Jahres einzutauchen, dich von ihrer Mystik verzaubern zu lassen und innerlich gestärkt ins neue Jahr zu starten.

Wie immer deine persönliche Reise Richtung Weihnachten aussehen mag, eines ist sicher: Das Entscheidende wird am 24. Dezember da sein, nämlich das Fest selbst. Deine Seele wird es wissen und dir das Licht zeigen, das in dir wohnt und hervorbrechen will.

Gesegnete Weihnachten!

Marion Küstenmacher

ADVENTSMYSTIK

Erster Advent

Die Schatten der Liebe,
damit sie kommen
eine Kerze genügt.
Ihr Licht, das matte,
fügt sich besser, schmeichelt mehr,
wenn sie kommen, die Schatten,
die Schatten der Liebe.
Eine Kerze genügt.
Das Zimmer sei heut' Abend
ohne helles Licht.
Tief in Träumerei versunken,
voll Empfänglichkeit
und bei schwachem Licht –
so in Träumerei versunken
gebe ich mich Gaukelbildern hin,
damit sie kommen, die Schatten,
die Schatten der Liebe.

KONSTANTINOS KAVAFIS

1. Dezember

Macht hoch die Tür, die Tor macht weit

Nur durch die Tür, die Wendung nach innen heißt, kommt Gott in die Seele.

FRANCISCO DE OSUNA

Der Text für das wunderbare Adventslied »Macht hoch die Tür, die Tor macht weit« beruht auf dem uralten Tempelruf in Psalm 24,7, der beim Einzug ins Heiligtum gesungen wurde: »Ihr Tore, hebt hoch euer Haupt! Erhebt euch, ihr uralten Pforten!« Erst wenn dieser Ruf erklungen war, gingen die Tore auf und gaben den Weg zum Temenos, dem im Innersten verborgenen Allerheiligsten frei.

Seit der Apostel Paulus mit einem radikalen mystischen Gedankensprung das Allerheiligste aus einem äußeren Tempelbau in das Innerste jedes Menschen versetzte, suchen christliche Mystikerinnen nach der Tür, die ins verborgene Zentrum ihres Bewusstseins führt. »Porta patet, cor magis«, also »Die Tür ist offen, mehr noch das Herz« sagen die Zisterzienser. So geht es mitten hinein in den »innersten Herzensraum«, ins »Gotteskämmerlein« oder »Seelengemach«. Obwohl wir also diesen geheimnisvollen Ort in uns selbst verorten können, ist er den meisten fremd. Der Zugang durch die »uralten Pforten« verschlossen. So gleicht unser innerstes Seelenheiligtum oft weniger einem offenstehenden Tempel, sondern eher einer befestigten Burg mit unüberwindlichen Mauern.

Welchen Grund hat das? Wir sind an diesem heiligen Punkt im Bewusstsein nicht nur unendlich empfänglich, sondern auch außerordentlich verletzlich. Denn so nahe heran an die uralten Pforten gelangt nur unser innerstes Selbst. Unser zartestes Wesen, ohne den Abwehrgürtel unseres robusten Alltags-Ich. Sich dem Heiligen ungeschützt aussetzen, das kann nur unser »nacktes«, wahres Selbst, wie die Mystiker sagen. Nur es findet den Ort der größten Hingabefähigkeit, an dem unüberbietbare Nähe und radikalstes Loslassen zusammenfallen können. Nur das Selbst kann rufen »Erhebt euch, ihr uralten Pforten!« und ins Allerheiligste einziehen, wo Gott wohnt.

Advent ist also die richtige Zeit für ein mutiges spirituelles Experiment. Sich ins eigene Innere zu versenken, das ist der Schlüssel, mit dem die Tür zu Gott aufgeht.

Kleiner Moment Seelenzeit

Jeder Tag in der Adventszeit ist ein Türöffner für Weihnachten. Falls du einen Adventskalender aufgehängt hast, kannst du die 24 Türchen als kleine Unterstützer für eine Achtsamkeitsübung nutzen: Öffne morgens mit jedem Türchen auch dein Herz und sieh nach, welche Freundlichkeit darin heute wartet, von dir hervorgeholt zu werden. Das kann etwas Gutes für dich selbst sein wie Gelassenheit, Energie und Zuversicht. Oder etwas Liebevolles, Heiteres und Großzügiges für andere, das du heute verteilen kannst.

Du brauchst Gott weder hier
noch dort zu suchen,
er ist nicht weiter
als vor der Tür des Herzens;
dort steht er und harrt und wartet,
wen er bereitfinde,
dass er ihm auftue
und ihn einlasse.
Du brauchst ihn nicht
von weiter zu rufen;
er kann es kaum erwarten,
dass du ihm auftust.
Ihn drängt es tausendmal heftiger
nach dir als dich nach ihm.

MEISTER ECKHART

2. Dezember

Das große Vorverzeihen

Gott vergibt lieber Großes als Kleines.

MEISTER ECKHART

Die Weihnachtsgeschichte beginnt in dem Moment, als Maria die Botschaft des Engels empfängt und zu ihm sagt: »Wenn ich schwanger werde, wie du sagst, diene ich dem Herrn alles Lebendigen, dem Leben selbst. Es soll in mir und durch mich geschehen, was du gesagt hast.« Ein einziges großes »Ja« zum Leben, eine Zustimmung, die voll ins Risiko geht. Die sich auf einen Gott einlässt, der von sich sagt: »Siehe, ich mache alles neu!« (Offb 21,5) Das klingt nicht gerade nach einer sicheren Sache. Denn wer weiß schon, was es für Folgen haben wird, sich auf dieses vollkommen Neue und sein geheimnisvolles Werden einzulassen? In mir, in anderen, mit allen unabsehbaren Konsequenzen für mein, für unser Leben?

Maria, die Lauschende, hat dieses engelsgleiche »Ja«

in sich gefunden. Viele Frauen kennen dieses Nach-Innen-Spüren in den eigenen Körper hinein, die leise Gewissheit schon vor jedem Test: Ich bin schwanger. Und oft gelingt ihnen im gleichen Atemzug schon dieses große Ich-stimme-zu! Männer brauchen ihren eigenen Weg dahin. Sie haben in dieser besonderen Situation kein enges, an das zarte neue Leben geknüpftes Körpergefühl, das ihnen den Weg bahnt. So wie Josef, der erst rational abblockt und zurückweicht, aber dann Zugang zu seiner subtilen Innenwelt findet. Wo er sich auf eigenen Engelsschwingen hineinträumt in sein »Ja« zu dieser neuen Möglichkeit Gottes. In ein Konzept, wie er sein Leben mit Frau und Kind gestalten kann. Wie er auf neue Weise seinem Gott folgt, der alles neu macht. Und so wird er es sein, der das Leben von Mutter und Kind rettet vor Herodes dem Schrecklichen.

Wie auch immer wir zu diesem »Ja« finden, es sollte voll und ganz aus tiefstem Herzen kommen, während wir uns für immer in Eltern verwandeln. Denn dann wird es zum »großen Vorverzeihen«, das uns und das Kind durchs Leben trägt. Diesen wunderbaren Begriff prägte der Philosoph Max Picard, selbst Urenkel eines berühmten Rabbiners: »Ein großes Vorverzeihen ist über allem Tun des Menschen. Wie viel Schreckliches geht von morgens um 6 Uhr, wenn er aufwacht, bis zum Abend um 10 Uhr, wenn er einschläft, durch die Seele und durch den

Geist des Menschen hindurch.« Picard war aber trotzdem davon überzeugt, dass die allermeisten Menschen nicht imstande sind, alles Schreckliche zu tun, was ihnen möglich wäre. Etwas Großes und Gutes schützt uns vor uns selbst: »Wir sind mehr gerettet als wir wissen.«

Wir sehen das große Vorverzeihen bei Schwangeren, die es, von Übelkeit geplagt, dem winzigen Wesen schenken, das in ihrem Bauch heranwächst. Wir sehen es im Blick der Mütter auf ihre Neugeborenen, in ihrem Lächeln, das die Schmerzensschreie während der Wehen ablöst. Und so geht es weiter. Das große Vorverzeihen schenken: Übermüdete Mütter und Väter ihren quirligen Kleinkindern. Genervte Eltern ihren bockigen Teenagern. Väter und Mütter ihren erwachsenen Kindern, die sich selten melden. Erwachsene Kinder ihren sturen oder hilflosen Eltern. Alte Menschen, weise geworden, schenken es als bedingungslosen Segen ihren Ururenkeln, den kommenden Generationen, die sie nie erleben werden. Die vielleicht nicht einmal mehr ihre Namen kennen und keine Erinnerungen an sie pflegen werden. Aber hoffentlich doch spüren, dass dieses große Vorverzeihen vor uns allen herläuft. Seit Hunderten von Generationen, durch jahrtausendealte Räume und Geisteswelten. Wir alle sind Kinder dieses großen Vorverzeihens. Und mehr gerettet, als wir jemals wissen können.

Kleiner Moment Seelenzeit

Das große Vorverzeihen kann dich als Grundhaltung durch die turbulente, auch anstrengende Vorweihnachtszeit tragen. Mache dir bewusst, dass du ein leuchtender Knotenpunkt im unendlichen Gewebe des Lebens bist. Festhalten an Verärgerung und Gekränktsein trüben dein Licht ein. Durch Vorverzeihen und Loslassen negativer Gefühle befreist du deine Seele und sorgst dafür, dass jeder Tag im Advent für dich zu einem Aufbruch ins Licht wird.

Die Augen meiner Seele wurden geöffnet.
Ich sah eine göttliche Fülle,
in der ich die ganze Welt erfasste,
jenseits und diesseits des Meeres
und den Abgrund und das Meer und alles!
Und in all dem konnte ich nichts unterscheiden,
ich sah einzig die göttliche Macht
und dies auf völlig unbeschreibliche Weise.
Da rief meine Seele in übergroßem Staunen:
Die Welt geht schwanger mit Gott!

ANGELA VON FOLIGNO

3. Dezember

Der Winter der Dinge beginnt

Weihnachten ist da. Der Winter der Dinge beginnt, der Winter des Herzens aber ist zu Ende.

EMILE-AUGUSTE CHARTIER

Ich liebe den Advent. Seit meiner Kindheit hege ich eine unerschütterliche Zuneigung zu dieser Jahreszeit. Je näher Weihnachten rückt, desto mehr Dinge werden um mich herum lebendig: Da sind die handgeschriebenen Rezeptbücher meiner Mutter, Großmutter und Urgroßmutter für die Lieblingsplätzchen der Familie. Da sind die Ausstechförmchen und die bunten Blechdosen, die elf Monate Exil im Keller hinter sich haben. Da ist das Weihnachtsgeschirr, ein zugegeben unnötiger, aber heiß geliebter Luxus, den ich mir nach und nach geleistet habe. Eine Lichterkette verzaubert den kahlen Kirschbaum.

Die alte Weihnachtspyramide aus meiner Kindheit dreht sich wieder. Überall stehen Kerzen und an den Türen hängen Weihnachtskränze, deren Grün uns zuverlässig unsere großen Eiben und Buchsbaumbüsche spendieren. Weihnachtspapier raschelt mit Schleifen und Bändern um die Wette, Weihnachtskarten trudeln ein oder wollen verschickt werden, und schließlich geben auch noch die Kartons mit den Krippenfiguren und dem bunten Christbaumschmuck ihre Schätze preis.

Lohnt denn der ganze Aufwand? Geht es nicht auch schlichter? Natürlich! Aber diese Weihnachtsinsel der vertrauten Dinge erzeugt einen unersetzlichen Anlaufpunkt im Meer der Zeit. Vielleicht weil sie zuverlässig nur für ein paar Wochen an der sichtbaren Oberfläche unserer Tage auftaucht und dann wieder für lange Zeit verschwindet.

All diese Dinge sind treue Weihnachtsboten für mich und meine Familie. Auch wenn sie zum Teil schon alt und abgenutzt sind, schauen sie mich doch voller Zuneigung an und machen meine Welt ein Stückchen heller. Ihre würdevolle Patina verdanken sie unzähligen Erinnerungspixeln, die sich wie Goldschimmer über sie gelegt haben. Gemeinsame festive memories, wie ein Geheimcode nur lesbar für alle Familienmitglieder und Auslöser für ausgiebiges Erzählen und Erinnern.

Für den Philosophen Byung-Chul Han erhellen nur die Dinge unsere Welt, die wir wirklich wertschätzen.

Die Hyperinflation der unzähligen »Undinge«, die man wahllos konsumiert, macht sie dagegen wertlos und austauschbar. Sie stellen für uns keine tragfähigen, sinnstiftenden Verbindungen her und bleiben uns letztlich gleichgültig. Diese Flut der bedeutungslosen Undinge verdunkelt unsere Welt, statt sie in Licht zu tauchen. »Wo nichts dingfest ist«, schreibt Han, »geht jeder Halt verloren.« Klugerweise haben Lukas und Matthäus zu Beginn ihrer Evangelien genug Dinge aufgezählt, an die wir uns seit 2000 Jahren halten können: Hürden, Herberge, Krippe, Windeln, Stern, Gold, Weihrauch, Myrrhe … Sie alle sind handfeste Marker, die uns daran erinnern, dass unsere Dingwelt jederzeit diaphan, also durchscheinend werden kann für die Allgegenwart Gottes in der Welt.

Kleiner Moment Seelenzeit

Heute kannst du den Dingen danken, die dir Weihnachtsstimmung schenken: Adventskranz, Leuchtsterne, Räuchermännchen, Schwippbogen. Festlich dekorierte Schaufenster, die Buden am Weihnachtsmarkt. Glühwein, Christstollen, das Familienrezept für die Lieblingsplätzchen ... Dankbarkeit öffnet deine Augen für den »Atemkreis der Dinge« und die gute Seite der Wirklichkeit. Pflege sie im Advent und drücke deine Dankbarkeit unbedingt auch gegenüber anderen Menschen aus.

Was den Erwachsenen mit Wehmut
im Rückblick auf die Kindheit erfüllt
und ihm als das Unwiederbringliche an ihr erscheint,
ist die verlorene Nähe zu den Dingen.

HANS BLUMENBERG

Die Dinge, die du gemacht hast,
sehen wir, weil sie sind.
Sie sind aber, weil Du sie siehst.
Und wir, wir sehen außen, dass sie da sind,
und sehen innen, dass sie gut sind.

AURELIUS AUGUSTINUS

4. Dezember

Wache halten am Rand des Unbestimmbaren

Wir schweben hier in dieser mitternächtlichen Gegend in so großen Finsternissen ... Nichtsdestoweniger können wir Gott in den anbetungswürdigen Dunkelheiten des Glaubens und in dem inneren Heiligtum des Herzens finden.

GERHARD TERSTEEGEN

In alle Gestalten der Weihnachtsgeschichte kann man sich imaginativ hineinversetzen. Wie die Hirten kann man das Risiko eingehen, sich in die eigene innere Dunkelheit vorzutasten und dort Wache zu halten am Rande des Unbestimmten. Eine solche Selbstkonfrontation ist immer ein Wagnis. In den diffusen Grenzgebieten der eigenen Seelenregionen auszuharren, erfordert Mut, weil man nie weiß, welche Abgründe sich dort auftun können.

Die Mystikerin Gertrud die Große von Helfta bekam einmal den seelsorgerlichen Rat, dass sie ihre Persönlichkeitsanteile genauso sorgfältig bewachen müsse wie die Hirten nachts ihre Herden. Zuerst gefiel ihr das nicht sehr. Aber dann sah sie ein, dass menschliche Leidenschaften gerne dazu tendieren, »auf unwegsamen Gebieten herumzuirren«. Sie können sogar völlig ins Schattenreich des Unbewussten verschwinden und uns von dort attackieren. Dagegen helfen die Hürden der Achtsamkeit, um sie im Blick behalten zu können. Nicht um unsere widersprüchlichen Neigungen einzusperren, sondern um die ganze Herde unserer weißen und schwarzen Schäfchenanteile zusammenzuhalten.

Achtsamkeit hilft, mit der Zeit immer mehr Persönlichkeitsanteile bewusst zu machen und zu integrieren. Dann hüten wir als wache Hirten das Schwierige und Unausgereifte, aber auch das Noble und Gute in uns. In einer besonderen Nacht, mit der sie nicht rechnen konnten, haben die Hirten auf dem Feld bei Bethlehem das erfahren. Das Unbestimmbare erwies sich als »anbetungswürdige Dunkelheit«. Es umschloss mit seinem allumfassenden Frieden das klar Begrenzte. Nach anfänglichem Schrecken begriffen die Hirten: Es gibt nichts mehr zu fürchten oder zu beschützen. Und so fanden sie im Unbestimmbaren zu Gott und erkannten ihn in der Gestalt eines schutzlosen Kindes.

Kleiner Moment Seelenzeit

Der Advent ist eine gute Zeit, sich bewusst zu machen, dass jeder Mensch ein Teil in einem unendlichen Beziehungsfeld ist. Wechselseitiges Wohlwollen nährt dieses Feld. Mit wem fühlst du dich in der Adventszeit besonders verbunden? Visualisiere alle Menschen, auch Tiere, mit denen dich das Band der Zuneigung, Freundschaft und Liebe verbindet, auch über die Grenzen von Raum und Zeit hinaus.

Wenn dein Herz noch nicht erwacht ist,
bleibe wach und sei achtsam,
sei Tag und Nacht ein Herz-Sucher.
Wenn aber dein Herz schon erwacht ist,
schlafe in Frieden, schlafe in der Liebe,
denn deine Herzensaugen wachen für dich
in sieben Himmeln, in sieben Richtungen.

DSCHELALEDDIN RUMI

5. Dezember

Das Schweigen der Maria

Die größten Ereignisse –
das sind nicht unsere lautesten,
sondern unsere stillsten Stunden.

FRIEDRICH NIETZSCHE

Was machte Maria, nachdem der Engel ihr seine Botschaft gebracht hatte und wieder verschwunden war? Martin Luther übersetzt ihre Reaktion so: »Maria aber bewahrte alle diese Worte und bewegte sie in ihrem Herzen.« (Lk 2,19) Der Evangelist Lukas verwendete in seinem griechischen Text das bedeutungsreiche Wort »symballein«. Es steht für hin und her bewegen, vergleichen. Daraus entstand die erweiterte Bedeutung von überlegen, erwägen, verstehen, begreifen, sich bewusst machen. Wichtig ist, dass das Herz in der Antike als Zentrum der Person verstanden wurde, als Sitz von Seele und Geist gleichermaßen. Maria wird sich der Bedeutung der Botschaft voll und ganz bewusst, weil sie das Gehörte in ihrem Inneren, eben »mit dem Herzen« bewegt.

Sie schweigt also. So wie viele Frauen, wenn sie merken, dass sie schwanger sind. Die ungeheure Transformation, die sich da im eigenen Körper ihren Weg bahnt, erfordert erst einmal die volle Konzentration auf sich selbst. »Ein völlig neues Leben wächst in mir heran!« Sich dieser ungeheuren Dimension zu stellen braucht Ruhe, braucht Zeit. Von nun an wird nichts mehr so sein wie zuvor. Das eigene Leben wird vom Leben selbst in den Dienst genommen. Ein unfassbar Großes vollzieht sich da, zieht alle Aufmerksamkeit nach innen. Der eigene Körper, in den man hineinlauscht, entpuppt sich als Wachstumsraum der göttlichen Inkarnation, die sich als Co-Kreation im Inneren vollziehen wird.

Das ist die natürliche Meditation der Schwangeren: Ein anderes Wesen wird in mir heranwachsen. Ein Mensch wie ich und doch ein ganz eigenes Geschöpf, auf einmalige Weise beseelt und geistbegabt, ein vollständig neues Leben. Neun Monate lang fühlt eine Schwangere: Ich bin ein Ich, das ein anderes Ich im Werden umschließt. Wir sind zwei in einem. Unvermischt und ungetrennt. Was für ein Geheimnis, umhüllt und geschützt vom Schweigen der Maria.

Über dieses Schweigen haben die Mystiker und Mystikerinnen nachgedacht. Sie erkannten darin den

»Abgrund der Weisheit«. Sie übten in der Kontemplation, aus tiefstem Herzen Lauschende zu sein und nichts als empfänglich. Der Mystiker Johannes Tauler nannte es »Mitte-Schweigen«. Zurückgezogen in die denkbar tiefste Bewusstseinsstille waren sie bereit, Gott in sich wachsen zu lassen.

Kleiner Moment Seelenzeit

Es gibt das Schweigen der Mystik, in das du schrittweise hineinwachsen kannst: Beginne heute damit, nicht dauernd zu sprechen. Verzichte auf leeres Gerede. Gegen den Gedankenlärm im Inneren stelle ein Stoppschild auf: eine freundliche Stille, in die du hineinlauschst. Im Schweigen kommst du dir näher. Wenn du im Schweigen ankommst, kannst du spüren, wie die ganze Welt schwanger mit Gott ist und bist mit allem verbunden. Es wird deinem inneren Kind und deiner erwachsenen Seele guttun.

Die Stunde ist gekommen
für die Kontemplativen.
Doch wie lebendig müssen sie
der Welt gegenwärtig sein,
aus der Tiefe ihres Schweigens!
Nicht eine Flucht vor der Wirklichkeit,
sondern ein Eindringen
in das Herz der Dinge.

HENRI LE SAUX

6. Dezember

Von der Umsonstigkeit

Umsonst habt ihr es empfangen, umsonst gebt es auch.

JESUS ZU SEINEN JÜNGERN, MT 10,8

Inspiriert von diesem Wort Jesu prägte der Philosoph und Theologe Ivan Illich den originellen Begriff Umsonstigkeit. Das alte Adverb »umbe sus« bezog sich im Mittelhochdeutschen immer auf eine Handlung ohne Gegenleistung, Zweckbindung oder Bezahlung. Sie wurde mit einer leichten Gebärde vollzogen, die ein Nichts andeutete. Es war ein absichtsloses Geben, geboren aus Leichtigkeit. Sie war für den Gebenden »nicht der Rede wert« und doch für den Empfangenden ein unerwarteter Moment, in dem er großzügig einbezogen wurde in etwas Gutes oder Schönes. Jemand, der zweckorientiert denkt, tut sich schwer, sich solch ein Tun vorzustellen, das einfach in sich gut, schön und wahr und mit keinerlei Absicht verbunden ist.

Dabei wohnt die Umsonstigkeit weiterhin als geheimnisvolle Möglichkeit in den verborgenen Falten unseres Inneren. Sie kann aber erst hervorströmen, wenn sie durch ein anderes Wesen zu spontanem Geben »herausgefordert« wird. Wobei niemand wissen kann, wo uns diese Herausforderung in Gestalt eines Menschen oder Tieres begegnet. Manchmal ist es auch die leidende Natur oder eine schwierige Aufgabe, die unsere Gratiszuwendung braucht. Immer aber muss man den kleinen Moment erwischen und in Handeln umsetzen, in dem angesichts irgendeiner Bedürftigkeit unsere Umsonstigkeit aufflackern und in die Welt kommen will. Dass wir großherzig und großzügig sein können, ist ein Geschenk all derjenigen an uns, die Hilfe brauchen.

Beim Heiligen Nikolaus von Myra wurde das bedingungslose Mitgefühl durch einen verarmten Nachbarn ausgelöst. Der verzweifelte Vater wollte seine drei Töchter in ein Freudenhaus verkaufen. Nikolaus warf nachts heimlich drei Goldnuggets durchs Fenster und rettete damit die Mädchen vor der Prostitution. Die Freigiebigkeit, mit der der heilige Nikolaus bis heute Kinder beschenkt, ist ein spiritueller Muntermacher, nicht nur zu Weihnachten. Reine Umsonstigkeit wickelt ein Geschenk in Allgüte ein. Sie ist »einfach so« da, als unbeschränkt fließende Herzenswärme in Aktion. Sie zeigt uns, dass alles untrennbar miteinander existiert und einander beistehen kann.

Kleiner Moment Seelenzeit

Was war ein besonders schönes Geschenk für dich? Von wem hast du es bekommen? War es materiell oder immateriell? Rufe dir das Entzücken darüber ins Bewusstsein zurück und folge ihm dann in die Tiefe deiner Seele. Koste dort die große Freude noch einmal voll aus. Hast du zu Weihnachten schon einmal jemanden beschenkt, der überhaupt nicht damit rechnen konnte? Welche Freude hast du selbst dabei empfunden, als du dir diese Überraschung ausgedacht hast?

*Ich glaube,
dass ich nur einmal durchs Leben gehe.
Wenn ich daher
irgendwo Güte zeigen kann
oder einem Mitmenschen
irgendetwas Gutes tun kann,
so will ich es jetzt tun
und es nicht aufschieben oder versäumen,
da ich diesen Weg
nicht mehr entlangkommen werde.*

WILLIAM PENN

Zwei Kerzen, ein Licht

Sieh die Lichter, und sieh, was in ihnen ist ... Erkenne den wundervollen Glanz des Lebens, in dem du verweilst.

RABBI ABRAHAM ISAAK KOOK

Jeden Winter, zeitnah zum Weihnachtsfest, feiern Jüdinnen und Juden in aller Welt Chanukka. Ein fröhliches, achttägiges Lichterfest, bei dem jeden Tag eine weitere Kerze angezündet wird. Seit 164 v. Chr. erinnern die acht Kerzen an ein leises Wunder im Jerusalemer Tempel, als das letzte Lampenöl nicht nur für einen, sondern für acht Tage reichte. Da die Zahl Acht ein Symbol für die Unendlichkeit ist, verkörpert Chanukka für jüdische Mystiker auch die achttägige Reise der Seele vom Dunkel ins Licht, hinein in Gottes grenzenlose Freude.

Jeden Freitagabend kurz vor Sonnenuntergang zünden Jüdinnen zu Hause die beiden Sabbatkerzen an. Sie werden Schamor und Sachor genannt, was »Behüte!«

und »Erinnere!« bedeutet. In beiden Namen steckt das hebräische Wort »or« für Licht. Der große chassidische Mystiker Baal Schem-Tov sah in »or« die nummerische Entsprechung von »ras«, innerstes Geheimnis. Mit dem Bewahren des Lichts soll man sich an Gott als Licht und Geheimnis der Welt erinnern, das in allen Dingen wohnt und alles durchdringt, auch uns selbst: »Spürt dieses Licht überall!«

Genau das kann man am zweiten Advent auch vor den beiden Kerzen des Adventskranzes tun. Wenn die milden Kerzenflammen die Dunkelheit erhellen, kann man sich selbst als eine Kerze meditieren, die Gottes Licht verbreitet. Jesus lud seine Jünger dazu laut Thomasevangelium ein (Logion 24): »Es existiert Licht im Inneren eines Lichtmenschen, und er erleuchtet die ganze Welt. Wenn er nicht leuchtet, ist Finsternis.« Mit dem Licht einer einzigen Kerze kann man Tausende anzünden, wie der Buddha lehrte, ihr Licht wird dadurch nicht schwächer. Genauso nimmt Freude nicht ab, wenn sie geteilt wird.

Zwei Kerzen regten die christliche Mystikerin Teresa von Ávila zu einem schönen Bild dafür an, wie man sich die Vereinigung von Mensch und Gott vorstellen kann. Dieser besondere Bewusstseinszustand, schreibt sie, »gleicht zwei Wachskerzen, die man so dicht aneinanderhält, dass beide Flammen zusammen ein einziges Licht bilden; und er ist jener Einheit ähnlich, zu der Docht,

Licht und Wachs verschmelzen. Danach aber kann man leicht die eine Kerze von der anderen trennen, so dass es wieder zwei Kerzen sind«. Alle Kerzen, die wir in der Adventszeit anzünden, können unsere Seele an ihre Reise vom Dunkel ins Licht erinnern. Und an ihre Sehnsucht nach Einssein mit Gott, das Erleuchtung genannt wird.

Kleiner Moment Seelenzeit

Suche dir einen Partner, jeder hat eine Kerze in der Hand. Setzt euch ins Dunkle und zündet beide Kerzen an. Dabei kannst du den Spruch von Friedrich Christoph Oetinger aufsagen. Dein Licht verkörpert dich, das andere Gott. Betrachtet die beiden Flammen still und in Ruhe. Führt sie dann langsam so zusammen, dass sie sich zu einem Licht vereinen. So symbolisieren sie den Moment der Erleuchtung, die Erfahrung der Einheit von Gott und Mensch. Tausche dann mit deinem Partner, sodass nun dein Licht für das Göttliche steht.

Erleuchte mich, Herr, mein Licht.
Ich bin mir selbst verborgen
und kenne mich noch nicht. Amen

FRIEDRICH CHRISTOPH OETINGER

Zweiter Advent

Gott wohnt in unserer Tiefe
Und schreibt sich uns ins Herz.
Wir sind wie Liebesbriefe
Von ihm, voll Schmerz und Scherz.

Gott spricht zu unsren Herzen
Mit Engelsflügelschlag.
Worte wie warme Kerzen,
Aus Nacht wird heller Tag.

Gott zieht uns sanft nach innen,
Ein zärtlicher Beginn,
Mit allen unsren Sinnen
Ruhen wir frei in ihm.

Gott flüstert in der Stille,
Die Liebe liebt es sacht.
Unendlich zarte Hülle,
Wo reiner Geist nur wacht.

MARION KÜSTENMACHER

8. Dezember

Wir werden sein wie die Träumenden

Ich weiß aus unleugbarer Erfahrung, dass Träume zur Selbsterkenntnis führen.

GEORG CHRISTOPH LICHTENBERG

Josef ist mit Maria verlobt, ein verliebter Mann, der eine eigene Familie gründen will. Seine angebliche Keuschheit widerspricht sowohl dem Evangelium als auch jüdischem Eheverständnis, in dem Enthaltsamkeit als Sünde verstanden wurde. Ihn schockiert, womit ihn Maria konfrontiert: Sie ist plötzlich mit etwas ganz Großem verbunden, das ihre Beziehung mit Josef bei Weitem übersteigt – was hat er damit zu tun? Maria wird ihm fremd und Josef entwickelt heimlich Trennungsfantasien. Als frommer Jude will er aber fair sein und Maria auf anständige Weise verlassen.

Dann kommt unverhofft die Wende. Josef wird vom Archetyp des Weisen berührt, der ihm das Reich des Unbewussten erschließt. Wie Maria macht er eine inspirierende Engelerfahrung, allerdings im Traum (Mt 2,19). Wo immer Engel gesichtet werden, drücken sie eine subtile innere Annäherung ans Transzendente aus: man kommt Gott näher. Ein Engel also schenkt Josef im Traum eine spirituelle Deutung der Situation: Das Kind ist gottgewollt. Der Engel lädt ihn ein, sich in die Zukunft hineinzuträumen; sich auf etwas Größeres einzulassen, das werden will und sich mit Verstand und Logik allein nicht erfassen lässt. Dafür braucht es Intuition, die aus der unbewussten Tiefe schöpfen und dem Kommenden den Weg ins Leben bahnen kann. Der Bauhandwerker Josef, dessen Name »er fügt hinzu« bedeutet, ist einer dieser erwachten Träumer, der zu einem konstruktiven Realisten wurde.

So ist er mit Maria auf staubiger Landstraße und zugleich in der Welt des Geistes unterwegs. Alles verlangt jetzt nach seinem bewussten Wahrnehmen: Maria, das Kind und natürlich sein eigenes Inneres als Vater: Die Ängste der Kindheit, die Wirren der Pubertät, die Verwundungen, die Integration unreifer Anteile der Persönlichkeit, die Entfaltung verborgener Kräfte – Selbsterkenntnis ist immer ein Heldenweg. Heilige Intuition kann dabei auf »Gott mit uns« vertrauen, wie die Propheten raten, und sich dabei von Gott stets neu die Richtung bestimmen lassen. Josef bringt seinen ersten Sohn vor dem Kindermord in Bethlehem in Sicherheit. Josef, der Retter. Aber dank seiner Intuition weiß er, woher die Bewahrung eigentlich kommt. Der Name, den ihm der Engel im Traum nannte und den er seinem Kind gibt, lautet Jesus – »Gott rettet«.

Kleiner Moment Seelenzeit

Die Weihnachtszeit weckt immer Erinnerungen an die eigene Kindheit. Dazu gehören auch Ängste, Vernachlässigung oder das Gefühl fehlender Geborgenheit. Visualisiere dich als das kleine schutzbedürftige Wesen, das du einmal warst. Geh zu ihm hin und nimm es in den Arm. Bei dir ist es jetzt sicher und geliebt. Wenn du magst, singe ihm ein beruhigendes Wiegenlied vor oder höre dir im Internet sanfte klassische Musikstücke an, die speziell für Babys arrangiert wurden.

*Ein Wort, das dir ein Engel
in dein eigenes Herz gelegt hat,
ist für deine Seele heilsamer
als tausend Worte,
durch das Ohr von außen her vernommen.
Denn was du im Herzen vernimmst,
ist schon dein Eigentum;
was du aber von außen her vernimmst,
das musst du dir erst zu eigen machen.*

JAKOB LORBER

9. Dezember

Eiszeiten für die Seele

Das Volk trägt den Stempel eines Winters,
der nicht zu erklären ist.

INSCHRIFT AUF EINER KOREANISCHEN STELE

Weihnachten kommt, auch in schwierigen Zeiten. Niemand wünscht sie sich herbei. Wenn sie da sind, muten sie uns Schweres zu, manchmal auch Unerträgliches. Diese Eiszeiten im Leben sind herausfordernd für eine Gesellschaft, eine Belastungsprobe für die Familie, Grenzerfahrung für jeden Einzelnen. Die warmen Pulsschläge der Sorglosigkeit sind nicht mehr spürbar. Die Leitungen für Lebensfreude sind eingefroren. Die Fensterscheiben des Geistes, durch die wir sonst hinaus in eine freundlichere Welt blicken, sind mit Eiskristallen bedeckt. Der harte Stempel, der uns aufgedrückt wird, fühlt sich an wie ein böser Traum, ein unverdienter Schicksalsschlag: Krankheit, Arbeitslosigkeit, Armut,

Flucht, Krieg, Gefangenschaft, qualvolle Trennungen und Abschiede, der Tod eines geliebten Menschen, bleierne Einsamkeit. Plötzlich merkt man, wie dünn die Eisdecke war, über die wir während den besseren Tagen unseres Lebens gleiten durften. Wie leicht man einbrechen kann. Wie schnell die Katastrophe da sein und uns aller scheinbaren Gewissheiten berauben kann.

Wer hilft, in dieser Eiszeit dennoch den Weg hin zum Christfest zu finden? Vielleicht Ephræm der Syrer, ein früher Kirchenvater, der sehr leise nach oben zeigte, auf ein uraltes Licht: »Der Stern lud die Magier schweigend ein, zu dem heiligen Ort zu kommen.«

Das stille Licht eines sehr fernen Sterns, das vor Millionen Lichtjahren aufbrach und unseren Weg erhellen will, ist eine Geste des Kosmos, die auch eine leidende Seele lesen kann. Man kann der Sternenbotschaft in sich Raum geben. Man kann ihr tiefes Schweigen in der Seele sammeln. Man kann sich das tröstliche Licht des Sterns borgen und den heiligen Ort im eigenen Inneren ausleuchten. Bis man das Sternenlicht als einen hellen Stempel auf der Stirn trägt und, wie der Sufimystiker Bahauddin Valad, ein Flüchtling aus dem Morgenland, Gott flüstern hört: »Die Seele ist größer als alles, was du je verloren hast.«

Kleiner Moment Seelenzeit

In dir atmet das Leben auf einzigartige Weise, auch unter Schmerzen, in Kummer und Leid. Versuche heute wachsam zu sein gegenüber den allerkleinsten Momenten, in denen du dich trotz allem Schweren lebendig fühlst. Versäume keine dieser Möglichkeiten, rette sie ins Heiligtum deiner bewussten Wahrnehmung hinüber. So kannst du der stillen Einladung des Sterns in der Adventszeit folgen und eine würdevolle innere Haltung für dich gewinnen.

Ich werde dieses Weihnachten Kerzen anzünden,
Kerzen der Freude trotz aller Traurigkeit,
Kerzen der Hoffnung, wo die Verzweiflung Wache hält,
Kerzen des Mutes gegen allgegenwärtige Ängste,
Kerzen des Friedens für stürmische Tage,
Kerzen der Gnade, um schwere Last zu erleichtern,
Kerzen der Liebe, die mein ganzes Leben inspirieren,
Kerzen, die das ganze Jahr über brennen.

HOWARD THURMAN

10. Dezember

Kränze an allen Türen

Bleib bei dieser Tür und beachte das Wunder.
Jeder noch so schwache Geschmack, den du schmeckst,
kommt direkt aus der Gegenwärtigkeit Gottes.

BAHAUDDIN VALAD

Ein Kranz hat keinen Anfang und kein Ende. Er besteht aus einer runden Fülle, die um eine offene Mitte kreist. Kränze waren schon in der griechischen Antike ein klassischer Schmuck von hohem Symbolwert. Die damaligen Naturphilosophen stellten sich vor, dass aus der Mitte eines Kranzes heraus die weibliche Gotteskraft wirkt und alles lenkt. Einer dieser frühen Philosophen vor Sokrates war Parmenides von Elea. In seinem einzigen Werk gelangt ein junger Reisender zu einer Tür »durch welche die Pfade von Tag und Nacht verlaufen«. Hier erwartet ihn eine namenlose Göttin oder göttliche Präsenz. Sie zeigt ihm die Unteilbarkeit des Einen, das reine Eins-

Sein oder All-Eins-Sein-Bewusstsein. Alles zusammen ist nur im Jetzt vorhanden, eins und unteilbar. Der Philosoph Cicero meinte später über Parmenides, dass bei ihm ein unendlicher Kranz aus glühendem Licht das Göttliche, das Eine umschließt.

Wer immer also in der Adventszeit einen immergrünen oder bunt geschmückten Kranz an eine Tür hängt, sorgt für mehr als eine hübsche Dekoration. Er oder sie setzt unübersehbar ein Erinnerungszeichen für Unendlichkeit. Kränze helfen uns, Gott als den alles Umgebenden zu begreifen, der alles von innen her zusammenhält und von außen umschließt. So wird aus einem Kranz ein kleines Lehrstück über Unendlichkeit mitten in der Vorweihnachtszeit: Es gibt keinen Ort, wo Gott, das allumfassende Eine, nicht ist. Das Ganze ist in allem und um alles herum. In diesem Symbol verbindet sich das Wissen der griechischen Philosophen mit dem der Mystik.

Wer also einen Türkranz sieht, sollte sich eine kleine Atempause gönnen und dem Rat Bahauddins folgen: »Bleib bei dieser Tür und beachte das Wunder!« Denn vielleicht ist es genau dieser Kranz und dieser Moment, wo man Gottes Gegenwart unmittelbar schmeckt und begreift: Ich bin ein unverlierbarer Teil dieses unvergänglichen Ganzen.

Kleiner Moment Seelenzeit

Stelle dir vor, dass du mit dem Öffnen und Durchschreiten jeder Tür, ob mit oder ohne Kranz, einen Schritt hinein in eine unbegrenzte Weite und Offenheit machst. Wo im Körper kommst du in Resonanz mit dem Grenzenlosen? Wie fühlt sich das an? Probiere diese Meditation auch draußen im Freien aus. Suche dir einen möglichst weiten Platz und gehe langsam mit jedem Schritt bewusst ins Unendliche hinein.

Hinter jedem Ding erschien etwas Unendliches,
das meine Sehnsucht ansprach.
Die Welt war Abbild der Gott-Ewigkeit,
mein Herz versank in ihm;
was ich erblickte weit und breit,
das sprach zu mir.

THOMAS TRAHERNE

11. Dezember

Die Weihnachtsnuss knacken

König Nussknacker, so heiß ich.
Harte Nüsse, die zerbeiß ich.

HEINRICH HOFFMANN

Für den Philosophen Friedrich Nietzsche war es unvorstellbar, »inmitten dieser ganzen wundervollen Ungewissheit und Vieldeutigkeit des Daseins« keine Fragen zu haben. Nietzsche lobte die Menschen der Moderne, die den »Fragezeichencharakter der Dinge« schätzen, und sich glücklicherweise auch nicht scheuen, die allzu simplen Ja-Nein-Antworten enger Glaubenssysteme zu hinterfragen. Ein gründlicher Denker nach Nietzsches Geschmack geht einer Sache auf den Grund und ist bereit, selbst »täglich immer noch fragwürdiger zu werden«. Er fragt sich, »was uns würdiger zu leben machen könnte«.

Diese Würde zu erforschen gleicht dem Knacken einer harten Nuss, man selbst wird, so Nietzsche, dabei zu einem »Nussknacker der Seele«.

Eine besonders harte Nuss fürs Nachdenken steckt im Weihnachtsevangelium: Gott kommt als Mensch, Jesus von Nazareth, zur Welt. War diese Inkarnation eine einmalige Sache oder gilt das für alle Menschen? Im Kern eine wunderbar fragwürdige Sache, für die es einen exzellenten Nussknacker gibt, Meister Eckhart, Theologe, Philosoph und Mystiker. Die Kernaussage von Weihnachten lautet für ihn: Wir alle tragen einen göttlichen Kern in uns, der heranwachsen möchte. »Der Same Gottes ist in uns. Hätte er einen guten, weisen und fleißigen Ackerer, so würde er umso besser gedeihen und wüchse auf zu Gott, dessen Same er ist, und die Frucht würde gleich der Natur Gottes. Birnbaums Same erwächst zum Birnbaum, Nussbaums Same zum Nussbaum, Same Gottes zu Gott ... Da Gott selbst [uns] diesen Samen eingesät und eingedrückt und eingeboren hat, so kann er wohl bedeckt und verborgen und doch niemals vertilgt noch in sich ausgelöscht werden; er glüht und glänzt, leuchtet und brennt und neigt sich ohne Unterlass zu Gott hin.«

Höher kann man die Würde des Menschen nicht denken. Der süße Kern in uns ist göttlich. Das ist fraglos die Weihnachtsnuss, die unserer Seele am besten schmeckt.

Kleiner Moment Seelenzeit

Versuche heute, alle fünf Sinne zu aktivieren und die Weihnachtsantennen auf deine Kindheit auszurichten. Was hast du am liebsten gegessen? Wie roch es in der Adventszeit? Was hast du gebastelt? Welchen Christbaumschmuck fandest du schön? Wie fühlten sich deine neuen Spielsachen an? Was war der Kern, das Highlight der Festtage? Mit wachen fünf Sinnen kannst du den Advent als sinnlichste Jahreszeit erleben und deine spirituelle Batterie aufladen. Denn »alle Dinge schmecken nach Gott«, sagt Meister Eckhart.

AUFSTAND DER HIRTEN

Am Stroh in unseren Schuhen
Wird es unsere Zärtlichkeit erkennen
Und uns in den Stall lassen
Damit wir unsere Liebe
Nicht mehr mit Füßen treten.
Mit Händen greifen können wir sie.

An den Nüssen in unseren Händen,
Die man mit Stöcken von den Bäumen schlug,
Wird es unseren Mut erkennen
Und den Wunsch nie vergessen
Unseren süßen Kern zu schmecken.
So zerbrechen wir nicht.

Am Hunger in unseren Augen
Von dem wir nachts am Feuer zehren
Wird es unsere Not erkennen
Und gegen sie anschreien
Ein Leben lang. Und einen Tod.

Darum, ihr Engel, stehen wir auf.
Darum, ihr Engel, gehen wir hin.

MARION KÜSTENMACHER

12. Dezember

Engel auf den Feldern singen

Gut ist es, wenn der Mensch bewirkt,
dass Gott in ihm singt.

RABBI ELIMELECH VON LYSCHANSK

Auch wenn man davon ausgeht, dass Hirten durchaus unruhige Nächte kennen, dass sie immer auf der Hut vor wilden Tieren und unliebsamen nächtlichen Überraschungen sein müssen – in dieser einen, ungewöhnlichen Nacht überschlagen sich die Ereignisse. Erst sehen sie einen Engel, dann ein unglaublich hell strahlendes, überklares Leuchten, nicht beim Engel, sondern, wie der Evangelist Lukas ausdrücklich vermerkt, um sie selbst herum! Emotional rauschen sie durch ein Wechselbad der Gefühle zwischen Erschrecken und »chará megála«, überbordender Freude. Und dann sind da noch mehr

Erscheinungen, himmlische Wesen in großer Schar, und vor allem dieser überirdische Gesang voller Gotteslob. Was Lukas hier festhält, ist nicht einfach nur eine schön ausgestaltete Szene, sondern eine sehr genaue Notiz über einen besonderen mystischen Bewusstseinszustand. Ganz ähnlich beschrieben Mystiker wie Heinrich Seuse, Richard Rolle von Hampole oder Johannes vom Kreuz ihr Hören einer himmlischen Musik im eigenen Inneren. Vor allem Richard Rolle sprach vom »canor«, Lateinisch für den überirdischen Gesang in der Seele.

Man kann heute die Geschichte mit den Engeln so deuten: Die Engel singen im Inneren der Hirten. Was sie hören, ist die engelgleiche Stimme ihrer ureigenen innersten Wirklichkeit, zu der sie sonst keinen Zugang haben. Was die Hirten in hellstem Licht sehen, ist ihre eigentliche, lichtdurchflutete spirituelle Existenz. Sie begegnen ihren reinsten Wesensanteilen und höchsten Werten – personhaft verkörpert als engelhafte Lichtgestalten, wie sie uns auch im Traum oder in einer Imagination begegnen können.

Dabei träumen die Hirten aber nicht, im Gegenteil! Sie sind in einen extrem erweiterten Wachzustand geraten, der seine Informationen direkt aus der Cloud des Alleinheitsbewusstseins empfängt und so in ihnen das unsterbliche Lied vom Wahren, Guten und Schönen, ja vom Göttlichen singen kann. Wenn auf diese Weise Gott selbst mit Engelsstimmen in uns singt, öffnet sich unsere Seele, eine zarte Blüte, wie von selbst für ihre eigene lichterfüllte Mitte. Und hier kann sie erkennen, wie hell und durchlässig wir alle in Wahrheit sind für das göttliche Licht, das um uns und in uns ständig leuchtet.

Kleiner Moment Seelenzeit

Suche dir ein Weihnachtslied aus, das du liebst. Gehe in die Stille und singe es für dich immer wieder. Die mantraartige Wiederholung kann dir helfen, in einen subtilen Bewusstseinszustand zu wechseln. Bleibe absichtslos, indem du dem Klang der Stille lauschst, der hinter der Melodie immer erklingt. Gegen Ende deiner Klangmeditation kannst du wie die Hirten aufstehen und dem Rat von Augustinus folgen: »Canta et ambula – Singe und geh deines Weges!« Wohin führt er dich?

Und während ich mit ganzem Herzen Psalmen betete,
fühlte ich plötzlich, ich kann nicht sagen wie,
in mir eine Melodie ertönen, und ich vernahm
die lieblichste, himmlischste Musik,
die in meinem eigenen Geiste weilte.
Wahrlich, mein ganzes Bewusstsein
wurde in Freudengesang verwandelt
und machte sich jetzt gleichsam in Tönen offenbar.

RICHARD ROLLE VON HAMPOLE

13. Dezember

Die Weihnachtskönigin

Danach blieb ich wach und lag still, und da öffnete unser Herr mein geistiges Auge und zeigte mir meine Seele in der Mitte meines Herzens. Ich sah, dass meine Seele so weit ist, als wäre sie eine unendliche Welt und ein gesegnetes Königreich.

JULIANA VON NORWICH

Weihnachten ist in der Bibel ein Fest voller Könige: Da ist Jesus, ein winziges Neugeborenes, das seine ersten Atemzüge nicht in einem Palast macht, sondern fern vom Haus seiner Eltern in einer Notunterkunft. Statt in einer prachtvollen Wiege liegt es in einem Futtertrog für Tiere. Immerhin hat seine Mutter für Windeln gesorgt. Allerdings auch wieder so ein Detail, das mehr auf eine sehr menschliche Natur als auf irgendeine höhere Abstammung oder göttliche Bestimmung schließen lässt. Und trotzdem soll dieses Baby laut Evangelium der künftige König und Fürst des Friedens sein. In dieser Erwartung wurde am ersten Advent gesungen: »Macht hoch die Tür, die Tor macht weit, es kommt der Herr der Herrlichkeit, ein König aller Königreich …«

Dann kommen die »magoi«, eine Gruppe von Sterndeutern einer persischen Priesterkaste. Diese weit gereisten Astrologen aus dem Osten bringen drei dermaßen königliche Geschenke mit, dass frühere Christen sie zu drei Heiligen Königen erhoben haben. Gold, Weihrauch und Myrrhe sind absolute Luxusgüter, die eines Königs würdig sind und die nur Könige besaßen. Es sind diese kostbaren Geschenke, von denen man einerseits auf den vornehmen Stand der Gebenden schloss und andererseits auf die wahre Nobilität eines Babys, das nicht aus einer Adelsdynastie stammte, sondern Kind ganz normaler Leute war.

Und da ist noch ein König, Herodes I., römischer Vasallenkönig in Palästina zur Zeit von Jesu Geburt. Er ist der böse Gegenspieler, der die destruktiven Schattenseiten eines Königs verkörpert und den Kindermord in Bethlehem befiehlt. Ein König, der keine Großzügigkeit, Güte und Gnade kennt. Der mit Hinterlist und hartem Herz alles bekämpft, was seinen Machtbereich schmälern könnte. Mit Herodes kommt auch der unendliche Schmerz ins Spiel, den wir über die Verwundbarkeit des Lebens und unsere eigene Sterblichkeit empfinden müssen. Am Ende, wann immer es kommt, wird es der König Tod sein, dem wir alle unterworfen sind.

Aber es gibt auch eine Weihnachtskönigin. Unsere Seele.

Sie liest diese Geschichten. Sie spürt, dass jeder dieser Könige etwas mit ihr zu tun hat. Sie schaut auf König Herodes und weiß, dass auch in ihr die Versuchung lauert, gemein, kalt und herzlos zu sein. Sie schaut auf die drei Heiligen Könige und entdeckt in sich die Möglichkeit, dem Stern der Großzügigkeit zu folgen, auch wenn der Weg dorthin weit sein mag. Und sie schaut auf den neugeborenen, verletzlichen Winzling Jesus, den kommenden König der Liebe, den Fürst des Friedens. Wer all das wahrgenommen hat, der weiß, dass alles Gute aus der noblen Mitte unseres Herzens hervortreten will. Und dieses Gute auch großzügig zu tun, genau das macht aus unserer Seele eine Weihnachtskönigin und ein Geschenk für andere.

Kleiner Moment Seelenzeit

Tief in dir drin hast du Zugang zum Archetyp der guten Königin, des guten Königs. Deine Seele schöpft hier aus der gleichen Quelle wie die Sophia-Weisheit König Salomos. Diese königliche Energie ist integer, zentriert, gerecht, gütig und voller Würde, weil sie stets einem Größeren dient, nicht deinem Ich und seinen Wünschen. Bitte um Unterstützung durch deine königliche Seele und frage sie: Was wäre das Nobelste, was ich heute tun sollte? Folge ihrem Rat!

Wenn eine Seele
die Gnade, Größe und Großzügigkeit
unseres Gottes erfahren hat,
wird sie so davon erfüllt,
dass sie wunschlos glücklich ist.
Alle anderen Wünsche
kommen in ihr zum Schweigen
und es scheint ihr, als besitze sie Gott.
In diesem Besitz hat sie alles, was da ist,
nichts gibt es ohne ihn.
Sein Besitz macht sie zur Königin
über alles Wirkliche und Mögliche.

GARCÍA JIMÉNEZ DE CISNEROS

14. Dezember

Transgenerative Lichterketten

Ich bin die Wurzel und das Geschlecht Davids, der helle Morgenstern.

JESUS, OFFENBARUNG 22,16

Weihnachten ist das Familienfest par excellence. Die Eltern und Großeltern, Schwiegereltern, Onkel, Tanten, Geschwister, Kinder, Enkel werden eingeladen oder besucht und meistens auch beschenkt. Alle Lieben, die nicht an den Feiertagen dabei sein können, werden schmerzlich vermisst. Die Familie spielt an Weihnachten immer eine große Rolle, gleich, ob man sich gut mit der Verwandtschaft versteht, Schwierigkeiten mit ihr hat oder nicht viel über seine eigene Herkunft weiß. Wo liegen meine Wurzeln? Woher komme ich? Wem verdanke ich mein Aussehen, meine Anlagen? Diese Fragen werden seit

Urzeiten gestellt, auch im Blick auf Jesus. Schon im ältesten Evangelium, bei Markus (10,47), findet sich ein Hinweis, dass Jesus von König David abstammte. Das wollten etwas später die Evangelisten Matthäus und Lukas genauer belegen. Matthäus fängt sein Evangelium gleich mit Jesu Stammbaum an. Fast wie eine gut strukturierte genealogische Excel-Tabelle. Er startet in der Vergangenheit bei Abraham und kommt über David bis zu Josef und Jesus. Lukas verfährt gegenläufig und toppt das Ganze: Er geht von Jesus über Josef zurück zu König David, Abraham und landet schließlich bei »Adam, der war Gottes«.

Beide Ahnenreihen machen Eindruck, sind aber keineswegs wasserdicht. Schon beim Großvater Jesu unterscheiden sich die Namen: Hieß er nun Jakob oder Eli? War Josef überhaupt der biologische Vater Jesu, wenn Jesus, geboren von Maria, »für einen Sohn Josefs gehalten wurde« (Lk 3,23)? Und wie nobel ist es, von einem König abzustammen, der, wie David, Ehebruch mit der Frau eines anderen Mannes beging? Gerade diese nicht lückenlos rühmliche Ahnenreihe macht aus Jesus einen »Menschensohn«. Jesus teilt mit unzähligen Menschen heute eine Herkunft, die von unehelichen Kindern, zweifelhaften Vätern, Familienkonflikten und unrühmlichen Vorfahren erzählt und ansonsten im Dunkeln liegt. Die gute Botschaft seiner beiden Stammbäume lautet: Selbst das dysfunktionalste Familiensystem strebt nach

Heilung und bringt irgendwann liebevolle und integre Menschen hervor, die wie Sterne leuchten und Gutes tun.

Wer von heute aus rund 500 Jahre zurück in die Lutherzeit geht, kommt auf etwa zwanzig Generationen und auf Ur^{19}-Großeltern, das sind eine Million Vorfahren! Sie alle waren nötig, um uns hervorzubringen. Und irgendwo in diesem Riesenfeld von Vätern und Müttern stehen die gütigen Leuchtgestalten, die uns den Rücken stärken. Von denen uns spürbar Kraft, Segen und bedingungslose Liebe zufließen. Mit ihnen, so sagt es Lukas in seinem Evangelium, können wir die Lichterkette unserer eigenen Ahnenreihe wie Jesus ganz an den Anfang zurückführen, zu Gott.

Kleiner Moment Seelenzeit

Es gibt nicht nur biologische Verwandte und familiäre Vorfahren, mit denen du verbunden bist. Es gibt auch Seelenverwandte, mit denen dich das Band herzlicher Freundschaft verbindet. Es gibt geistige Väter und Mütter, Brüder und Schwestern, die dich auf deinem Lebensweg begleitet haben. Und es gibt die ganz großen spirituellen Ahnen aus den Weltreligionen, deren Lehre und Wirken deine Seele zutiefst berühren und tragen. Schreibe für jede Gruppe auf, wer dir besonders wichtig ist und warum. Zünde dann eine Kerze zum Dank an.

Ebenso wahrhaft wie Gott unser Vater ist,
so wahrhaft ist Gott auch unsere Mutter.
Das bezeugt Gott in allem, und besonders
mit jenen süßen Worten: Ich bin es.
Das bedeutet:
Ich bin es, die Macht und Güte der Vaterschaft.
Ich bin es, die Weisheit und Freundlichkeit der Mutterschaft.
Ich bin es, das Licht und die Gnade,
die ganz und gar segensreiche Liebe ist.

JULIANA VON NORWICH

Dritter Advent

EIN WEIHNACHTSLIED

Heiliges Bewusstsein kreise
In mir sanft nach Engelsweise
mach mich licht und mach mich weit.

Leer bin ich. Und wach und leise.
Öffne mich für Gottes Reise
durch mein Herz jenseits der Zeit.

In die Krippe fällt das Licht.
Meinst Du, ich erkenn dich nicht?
Du bist Gottes Zärtlichkeit.

Ich bin Nichts. Wo Nichts geschieht,
ist Alles da und Alles sieht,
Alles weiß und Alles schweigt:

DU bist ICH in Ewigkeit.

MARION KÜSTENMACHER

15. Dezember

Was machten die drei Heiligen Könige am Tag?

Nicht in die Ferne, in die Tiefe sollst du reisen.

RALPH WALDO EMERSON

Wenn man sich die Reise der Weisen aus dem Morgenland als historisches Geschehen vorstellt, dann ist eines klar: Die drei hätten dem Stern nur in der Nacht folgen können und am Tag Ruhe- und Schlafpausen einlegen müssen, wie damals üblich. Im Vorderen Orient haben Tag wie Nacht im Schnitt zwölf Stunden wie bei uns, aber die Dämmerung ist viel kürzer. Sie dauert nur 15 bis 20 Minuten, dann ist es schlagartig dunkel und die Sterne erscheinen am Firmament. Zeit, um sofort aufzubrechen für die nächste Etappe auf dem Weg nach Westen.

Was aber, wenn die Geschichte der weitgereisten Weisen ein einziges großes Symbol ist für den spirituellen

Weg hin zur Erleuchtung? Ein mystisches Zeugnis über die innere Reise von Kontemplativen? Sie brechen auf in der kurzen Dämmerungsphase, in der wir normalerweise vom Wachbewusstsein in den Schlaf hinübergleiten. Sie aber bleiben wach, während sie die nächtliche Seelenlandschaft ihrer Träume durchwandern. Hier erfassen sie intuitiv die wegweisenden Symbole des Unbewussten. Wer das kann, ist ein Magi, ein Stern- und Traumdeuter. Dann sinken sie noch tiefer hinab in das dunkle Reich des Tiefschlafs. Und auch hier bleiben sie wach. Sie lassen alle Gedanken, Bilder und jedes Wissen um ihr eigenes Ich zurück. Sie durchschreiten ein Tor ohne Schranke, verweilen leer in der Leere jenseits von Tag und Nacht, von Zeit und Raum. Das ist ihre Karawanserei, der ortlose Ort, der geheime Ruhesitz Gottes mitten im Nichts. Und dort kann es geschehen, dass ein weißer Stern aus dem Dunkel dieser Bewusstseinsstille hervorbricht. Ein Licht, das alles natürliche Licht überbietet und in der Finsternis erstrahlt (Joh 1,5), heller als tausend Sonnen. Und dieses innere Gotteslicht, das alles vereint, wird zum Leitstern ihres ganzen Lebens.

Dieses Sternenlicht ist in uns allen. Nur erkennen wir es mit unserem nach außen gerichteten Alltagsbewusstsein normalerweise nicht, so wie wir tagsüber die Sterne am Himmel nicht sehen. Das eine Licht ist durch das Prisma der unzähligen Gegensätze gebrochen, mit deren Hilfe wir uns orientieren: Tag und Nacht, hell und dunkel, reich und arm, Jung und Alt, Heimat und Fremde, Himmel und Erde, Ich und Du. Darum brauchen wir eine Sternenkarte des Unbewussten, die uns zurückführt ins Licht.

So stelle ich mir vor, dass sich die Weisen aus dem Morgenland tagsüber nicht einfach nur ausruhten, sondern an dieser Sternenkarte arbeiteten. Sie erzählten sich ihre Träume und sahen sich dabei gegenseitig ins Herz. Sie gaben ihren inneren Sternen klangvolle Namen: Schmerzbringer, Freudenquelle, Geistaufheller, Trostschimmer, Sehnsuchtslicht. Sie schwiegen miteinander im Wissen um ihre Armut im leeren Reich des Geistes und fühlten sich doch reich wie Könige. Und diesen geheimen Schatz brachten sie zu einem Neugeborenen, dessen Lebensreise mit Gott gerade erst begann. Davon erzählt das Evangelium seit 2000 Jahren, damit keiner von uns die eigene Reise ins Licht versäumt.

Kleiner Moment Seelenzeit

»Binde deinen Karren an einen Stern«, sagte Leonardo da Vinci. Folgst du dem Leitstern deines Lebens? Richte deinen Geist auf das, was deinem Wesens-Ich am meisten Freude macht, was deine Tage erhellt, was dir hilft, dich in dein ureigenes Leben zu verlieben. Erinnere dich, so oft es geht, an dieses innere Suchbild nach dem, was dein Herz froh macht und strahlen lässt. Das ist der Stern, an den du deinen Karren binden solltest, um das wahre Ziel deines Lebens zu finden.

*Meine Liebe wandert durch die Räume,
melodiös, Flötentöne, gezupfte Drähte,
voll von dem Wein, den die Sterndeuter
auf dem Weg nach Bethlehem tranken.*

DSCHELALEDDIN RUMI

16. Dezember

Kontuition – Vom mystischen Weitblick

Intuition ist die direkte Schau des Geistes durch den Geist.

HENRI BERGSON

Eine Textstelle aus der Heiligen Schrift des Judentums erzählt, wo Gott wohnt. (2. Mose/Exodus 25,10–22). Im Bundeszelt des Volkes Israel stand die heilige Bundeslade, ein vergoldeter Schrein aus Akazienholz. Darin lagen die Gesetzestafeln, die Mose empfangen hatte. Auf der Bundeslade standen sich zwei goldene Cherubim gegenüber und breiteten schirmend ihre Flügel aus. Und zwischen beiden Engeln, über dem Gesetz, war der Raum, in dem Gott gegenwärtig und ansprechbar sein wollte.

Über diese beiden Engel der Vergegenwärtigung dachte der franziskanische Mystiker Bonaventura in seinem

Buch *Der Pilgerweg des Menschen zu Gott* intensiv nach. Bonaventura kam zu dem Schluss, dass diese beiden Engel zwei Richtungen des Bewusstseins repräsentieren, um die »unsichtbaren und ewigen Wirklichkeiten Gottes zu beschauen«. Der Blick des ersten Engels gilt dem Kosmos. Er richtet sich voll unsagbarem Staunen auf die universale Gegenwart Gottes, die im Größten wie im Kleinsten wirkt. Der Blick des zweiten Cherubs geht nach innen. Hier erfasst er in hingerissener Bewunderung, dass Gott auch in allen unseren Gedanken über ihn gegenwärtig ist. Bonaventura prägte für dieses simultane Erfassen den feinsinnigen Begriff der Kontuition. Die beiden Engel begreifen dank ihrer gemeinsamen Intuition, dass Gott und Mensch wundersam in einem Geist geeint sind. Untrennbar, wie es auch bei Jesus Christus der Fall war.

Bonaventuras Gedanken eignen sich für eine Engel-Meditation: Man beginnt damit, sich in der Stille abwechselnd mit jedem der beiden Engel zu identifizieren. Wenn man sich in die beiden Cherubim hineinversetzt und ganz in ihre kontuitive Wahrnehmung hineinsinken lässt, weitet sich nach und nach das eigene Bewusstseinsfeld: Zunächst nimmt man Gottes kosmische Spuren außerhalb von sich wahr. Die normalen Grenzziehungen heben sich auf, während man immer tiefer in die Unendlichkeit von Mikro- und Makrokosmos vordringt. In der integralen Spiritualität nennt man das heute das Dritte Gesicht

Gottes. Danach betrachtet man das persönliche Gottesbild im eigenen Inneren und begegnet hier dem großen Du, dem Zweiten Gesicht Gottes. Hier kann man darüber staunen, dass wir eine persönliche Beziehung zu Gott haben können. Wenn man dann noch mit Engelaugen die Spitze seines Bewusstseins einzig und allein auf Gott ausrichtet, kann man Erleuchtung erfahren, das Einswerden mit dem alles durchdringenden Licht des Ersten Gesichts Gottes. In diesem unvergleichlichen Licht gibt es nicht mehr zwei, nur noch das göttliche »Ich bin, der ich bin«. Hier schaut, wie Bonaventura sagt, »Gott durch mich auf sich«. Das ist der Augenblick der absoluten Vergegenwärtigung, in dem alles eins ist.

Kleiner Moment Seelenzeit

Neben dem Verstand wartet deine Intuition darauf, dass du ihr immer wieder Raum in deinem Bewusstsein lässt. Versuche, dich auf deine eigene Tiefe auszurichten und wie ein Peilsender zu empfangen, was von dort unmittelbar aufsteigen möchte. Lass es ohne Nachzudenken in eine Gebärde fließen und folge dieser Bewegung mit dem ganzen Körper, bis sich dazu ein neues inneres Wahrnehmen einstellt. Welche Bilder steigen in dir auf?

Nicht ein Engel und nicht ein Bote,
sondern sein Angesicht half ihnen.

JESAJA 63,9

Das Licht der Herrlichkeit
Scheint mitten in der Nacht.
Wer kann es sehn? Ein Herz,
das Augen hat und wacht.

ANGELUS SILESIUS

17. Dezember

Wo sind die Hebammen?

Gott erwies den Geburtshelferinnen Gutes.

2. MOSE/EXODUS 1,20

Manchmal ist es interessant, was in einer Geschichte nicht steht, oder wer in ihr nicht vorkommt. Die bei einer jüdischen Geburt obligatorischen Hebammen fehlen in der Weihnachtsgeschichte. Entweder mussten Maria und Josef das ganz allein meistern, oder der Beistand einer Hebamme war so selbstverständlich, dass er keiner Erwähnung wert war.

Dabei gebietet die Talmudtradition, dass einer jüdischen Frau sogar zwei Hebammen während der Entbindung zur Seite stehen. Auf altorientalischen Abbildungen sieht man, wie eine Hebamme den Rücken der Gebärenden stützt, während die andere vor ihr kniet. Auch der Ehemann soll in respektvoller Nähe dabei sein und für Mutter und Kind beten. Aber es sind die Hebammen, die so bedeutend für den Schutz von Mutter und Kind in diesen kritischen Stunden angesehen werden, dass sie sogar am Sabbat bezahlt werden müssen.

Die berühmtesten Hebammen der hebräischen Bibel sind Schifra und Pua (2. Mose/Exodus 1,15). Die beiden Frauen waren mutig genug, dem Mordbefehl eines Pharaos zu trotzen. So konnten sie das Leben zahlreicher neugeborenen Knaben retteten. Im ältesten Kindheitsevangelium zum Leben Jesu, dem Protoevangelium des Jakobus, werden ebenfalls zwei Hebammen benannt: Zeloni (oder auch Zahel), die bei der wundersamen Geburt dabei war, und Salome, die später als weitere Zeugin dazukam.

In der Bildsprache vieler christlicher Mystiker und Mystikerinnen ist auch von einer Geburt die Rede, der Gottesgeburt im Seelengrund. Bei diesem inneren Prozess wird man von zwei »spirituellen Hebammen« unterstützt. Die eine ist das kontemplative Gebet im Schweigen. Hier taucht man ein in die samtschwarze Bewusstseinsstille, eine Schicht unseres Geistes, die unter den Worten, Bildern und Gedanken liegt. Nacht für Nacht sind wir dort im Tiefschlaf, bloß nicht wach wie die Mystiker. Sie wissen: Hier gibt es weder ein Ich-, noch ein Raum- oder Zeitgefühl. Aber genau so kommt man dem göttlichen Urgrund immer näher. Die zweite Hebamme für Mystikerinnen ist die Lektüre der Evangelien. Hier darf sich die Seele wieder den Worten, Bildern, Gebeten und Gedankenbögen der Heiligen Schrift zuwenden. Sie öffnet ihr ganzes Herz und ihren Verstand Jesus, dem Lebendigen, der uns gezeigt hat, wie unaufhebbar Gott und Mensch zusammengehören. Sich sowohl in die mystische Tiefenschicht des Evangeliums als auch ins Schweigen zu vertiefen, ist auch heute noch die wichtigste Geburtshilfe, wenn Gott in uns und durch uns zur Welt kommen will.

Vielleicht hat Lukas in seiner Weihnachtsgeschichte deshalb keine Hebammen genannt. Zum einen steht uns seit 2000 Jahren sein Evangelium schon als Hebamme zur Seite. Und die zweite Hebamme, das Schweigen, wartet bereits in unserem Innern auf uns.

Kleiner Moment Seelenzeit

Nimm dir heute vor, in Ruhe die biblische Weihnachtsgeschichte zu lesen. Du findest sie bei Lukas und bei Matthäus in den ersten beiden Kapiteln. Wenn du gerade keine Bibel zur Hand hast, kannst du sie auch im Internet finden und auf dem Handy lesen. Gibt es einen Satz, der dich besonders anspricht? Verweile bei ihm und lass ihn in dein Herz sinken.

Wird Christus tausendmal zu Bethlehem geboren
Und nicht in dir, so bleibst du ewiglich verloren.
Berührt dich Gottes Geist mit seiner Wesenheit,
so wird in dir gebor'n das Kind der Ewigkeit.

ANGELUS SILESIUS

18. Dezember

Heterotopos – Spontaner Ortswechsel

Der Mensch soll in Gott hineingehen,
dass Gott ihn umgebe und sein Ort werde.

RABBI PINCHAS VON KORETZ

Nachts auf dem Feld, Hirten halten Wache bei ihrer Herde. Alles ist gut, wenn alles ruhig bleibt, nichts die Tiere erschreckt, nichts Außergewöhnliches passiert. Aber in dieser Nacht werden die Hirten selbst aufgeschreckt. Denn die Botschaft des Engels mutet ihnen bisher Unerhörtes zu. Jetzt ist es so weit. Die uralte Messias-Verheißung, erhofft, herbeigesehnt, gefürchtet, hat sich hier und heute erfüllt. Der Kipppunkt ist erreicht, aus einer Möglichkeit ist Wirklichkeit geworden! Und dieses Neue, Unerhörte soll auch noch ganz in der Nähe, in Bethlehem, und dort an einem geradezu banalen Ort geschehen sein: im Stall einer gewöhnlichen Herberge – zu sehen als ein frisch gewickeltes Neugeborenes in einer Futterkrippe. Gerade diese plötzliche Nähe des Heiligen, sein Aufscheinen im Gewöhnlichen versetzt die Hirten erst einmal in Angst und Schrecken, ins tremendum. Aber dann werden sie vom faszinosum überflutet: Eine Welle von Freude, Begeisterung und Neugierde erfasst sie und ein göttlicher Aufschwung lässt sie nach Bethlehem eilen, vom Feldrand draußen mitten hinein ins Geschehen.

Einen Ort, der an das Vertraute grenzt und doch eine ganz andere Wirklichkeit aufdeckt, nannte der französische Philosoph Michel Foucault einen Heterotopos, wörtlich »Ander-Ort«. Ein solcher Raum stellt einen gesellschaftlichen Gegenplatz dar, bisweilen auch ein spirituelles Widerlager, wo das Erwartbare gleichzeitig verneint, umgedreht und auf überraschende Weise auch mit Neuem erfüllt wird. Der Messias kommt zur Welt. Nur eben: Stall statt Schloss, Futtertrog statt Prachtwiege, Stroh statt seidener Kissen, einfacher Leute Kind statt Königssohn, Hirten statt höfischer Gesellschaft, kleines Bethlehem statt Hauptstadt Jerusalem. Die Überraschung ist perfekt.

Es sind die Heterotopien, die sich quer stellenden Orte im scheinbaren Abseits, die vom Rand her die herrschenden Normen einer Kultur, Gesellschaft oder

Religion herausfordern und eine unglaubliche Wirkung entfalten können. Und so tauchen sie immer wieder im Grenzland auf, um dem Kommenden unerwartete Räume anzubieten. Oft sind sie klein, eng oder unansehnlich wie der Stall in Bethlehem: Die Portiuncula-Kapelle des Franz von Assisi, die Schreibstube von Martin Luther auf der Wartburg, die Gefängniszelle von Nelson Mandela. Wo solche Ander-Orte an den Rändern vertrauter Lebensräume erkannt, bewohnt und mit Geist erfüllt werden, kann sich vieles wenden. Aus einem Heterotopos, einem Ander-Ort wird dann ein Holotopos, ein Ort Gottes, an dem das Ganze aufscheint und die Welt verwandelt. Die Hirten und die Magier machen es uns vor: Ob Einheimische oder Fremde, sie erheben sich über ihre eigene Grenze und bewegen sich auf den Punkt zu, wo Gottes Präsenz in der Welt sichtbar wird.

Kleiner Moment Seelenzeit

Wo liegt dein spiritueller Ander-Ort? Gibt es einen konkreten Platz in nicht allzu großer Ferne, der dich anzieht und ruft und zu dem du spontan laufen kannst? Er muss nicht spektakulär sein, vielleicht bist du schon zigmal daran vorbeigekommen. Aber wenn du heute dorthin läufst, versuche das Andere, das Neue, das Unerwartete wahrzunehmen. Erst wenn du es erkennst, kann es hier dank dir zur Welt kommen.

Wir bewegen uns meist so fraglos
im Geleise des Gekannten,
Gekonnten und Gewohnten,
dass wir uns nur selten Rechenschaft darüber ablegen,
dass gleichsam an den Rändern
unseres gewöhnlichen Denkraumes
der Widerschein eines größeren Lebens aufleuchtet,
das ungekannt und ungewöhnlich ist.

KARLFRIED GRAF DÜRCKHEIM

19. Dezember

Das Guckloch zur Freude

Der Heilige Geist erweckt Freude in allem, was er berührt.

SERAPHIM VON SAROW

Wie sorgt man dafür, dass Weihnachten tatsächlich ein Fest der Freude wird? Dass die Weihnachtsfreude zu den Feiertagen mit einer Punktlandung eintrifft und das Haus erfüllt? Echte Freude kann man nicht auf Knopfdruck erzeugen, sie bleibt bei allem Festaufwand etwas Spontanes, Unberechenbares. Aber man kann dieser Schönen den Weg ebnen. Am besten mit heimlichen Vorbereitungen, die einem selbst Spaß machen. Unbedingt mit Adventsliedern und Musik. Oder mit Poesie – mit heiteren Bildern und weisen Worten, die das schnöde Packpapier unseres vernünftigen Erwachsenenbewusstseins anritzen und auf fröhliche Weise dem Kind in uns den Glanz der Vorfreude in die Augen zaubern. Genau das gelang dem tschechischen Arzt Miroslav Holub mit seinem Gedicht

Wie man vollkommene Weihnachten malt. Das Malen beginnt man mit einem Himmel oben, »fein wie Froschhaar«, darunter gießt man etwas Finsternis, »angewärmt auf Zimmertemperatur oder ein bisschen mehr«. Und munter mitten ins Finstere hinein ritzt man das allerschönste Bäumchen, das von selbst zu leuchten beginnt, sodass das Papier »vor grüner Freude, von purpurner Hoffnung« knistert. Jetzt kommt der schwierigste Teil: Man muss sich überlegen, was man sich am Allermeisten wünscht. Das braucht seine Zeit und dauert, bis »die Glühbirnen zu gähnen« anfangen. Irgendwann aber hat man die Lösung und saugt »mit dem Löschblatt in der Finsternis eine milchig weiße Stelle frei … etwas wie Leere, oder das Gegenteil von etwas, wie Nichtschmerz, wie Nichtangst, wie Nichtsorge«. Was für eine Befreiung! Danach kann man einfach schlafen gehen in dem Wissen: »Ich kann es jetzt, ja, nächstes Mal schon male ich die besten Weihnachten, die es je gab.«

Für die besten Weihnachten braucht es also nur die Bereitschaft, im Advent die milchig weiße Stelle zwischen Licht und Finsternis für diesen Weitblick freizuhalten. Sie ist eine Art mystisches Guckloch, durch das wir auf Gottes unbegrenzte Möglichkeiten schauen, wie er Weihnachten zu uns kommen kann. Als Freude, wie Augustinus sagt, die keine Traurigkeit mehr kennt und uns einen Festtag ohne Anfang und ohne Ende beschert.

Kleiner Moment Seelenzeit

Kannst du wie früher als Kind die Weihnachtsfreude spüren? Freude ist ein Grundgefühl, das in dir wartet und das du aufwecken kannst. Wo im Körper vermutest du ihren Quellort? Lege die Hand auf diese Körperstelle und wende dich nach innen. Sprich die Freude an und frage sie, was sie freut. Was ihr ein Lächeln entlockt. Was ihr gute Laune macht. Was sie entzückt und wie sie das zeigen möchte. Lade sie ein, mit dir die Feiertage zu verbringen!

Ach Herr, ich preise dich!
Das Glück, die Freude und das Frohsein,
die du in mich gelegt hast,
sie machen mich so stark,
dass ich mich stärker fühle als die Berge.

RAMON LLULL

20. Dezember

Kommt und seht die Ochsen knien

Der Ochse kennt seinen Besitzer
und der Esel die Krippe seines Herrn.

JESAJA 1,3

Im alten Bethlehem brachte man seine Tiere nicht abseits in einem gesonderten Stall unter, sondern im untersten Geschoss des eigenen Hauses. Die Bemerkung des Evangelisten Lukas »Sie hatten sonst keinen Raum in der Herberge« bedeutet also nicht, dass Maria und Josef von hartherzigen Gastwirten und Herbergsleuten abgewiesen und im Stich gelassen wurden. Lukas weist einfach darauf hin, dass der obere Raum des Hauses, in dem man üblicherweise die Gäste unterbringt, bereits belegt war. Darum rückte die Familie, der das Haus gehörte, zusammen und nahm Josef und die hochschwangere Maria im

Familienzimmer auf. Lukas erzählt also eine Geschichte menschlicher Hilfsbereitschaft, Gastfreundschaft und Güte, was seine ersten Leserinnen und Leser sicher als Einladung verstanden haben, selbst gastfreundlich zu sein.

Die »Krippe«, in die das neugeborene Jesuskind gelegt wurde, war ein in Stein gehauener Trog, gefüllt mit Heu. Und so steckt auch in diesem Detail ein gutes Stück evolutionär angelegte Theologie: Jesu Dasein fängt ganz unten an, so wie Menschsein mit unserer Herkunft aus dem Tierreich anfängt. In uns allen steckt ein tierisches Erbe – die jüdische Mystik spricht in der Kabbala von der »Nefesch HaBahamit«, unserer tierischen Seele. Wenn wir uns intellektuell, emotional und sozial weiterentwickeln, reift in uns die »Nefesch HaAdam« heran, die menschliche Seele. Sie »zähmt« die animalischen Anteile, ohne sie zu unterdrücken, leugnen oder gar abtöten zu wollen. Das wiederum ermöglicht es, sich dem Göttlichen zu öffnen und in einer spirituellen Entwicklung die »Nefesch HaElokit« zu entfalten, die göttliche Seele.

So verkörpern in traditionellen Krippen Ochs und Esel unsere animalischen Anteile; Maria und Josef stehen für unser Potenzial an echter Fürsorge und Humanität; und das Jesuskind in der Krippe ist das Sinnbild für unseren göttlichen Wesenskern. Ohne eine gute Integration der animalischen Tierebene fehlt allerdings unserer Selbst-

und Gotteserkenntnis der natürliche Grund und Boden. Und so lässt der Dichter Thomas Hardy in einem Gedicht die Ochsen in der Heiligen Stunde um Mitternacht in ihrem armseligen Strohstall vor dem Gotteskind sanftmütig auf die Knie gehen und ihm huldigen. Ein anderer Schriftsteller, Thornton Wilder, hat in seinem Stück *Die Flucht nach Ägypten* aus dem Esel eine Eselin gemacht, die Maria und das Kind trägt. Auch sie war in der Heiligen Nacht auf die Knie gegangen und von ihr hängt es ab, wie sie selbst sagt, »ob der Heiland am Leben bleibt«. Wilder gab ihr den wohlklingenden hebräischen Namen »Hephzi-Bah«. Ein passender Name nicht nur für die Eselin, sondern für die ganze Weihnachtszeit, denn er bedeutet: »Meine Freude ist in ihr!«

Kleiner Moment Seelenzeit

Stelle (oder setze) dich so gerade wie möglich hin. Richte dabei deine Wirbelsäule auf und blicke frei und klar geradeaus. Versuche, mit deinem Körper eine würdevoll-königliche Haltung einzunehmen. Wenn du sie ausgelotet hast, senke langsam das Kinn und verneige dich vor etwas Größerem. Wem möchtest du diese Verneigung widmen? Und vor wem oder was wärest du bereit, in die Knie zu gehen?

JESUS UND DER ESEL

Jesus auf einem bescheidenen Esel,
das ist ein gutes Sinnbild dafür,
wie der rationale Verstand
die tierische Seele lenken sollte.
Lass deinen Geist stark sein wie Jesus.
Du hast Jesus vergessen und den Esel gepflegt;
Darum liegt über deinem Bewusstsein
wie beim Esel ein Schleier.

Wissen und Erkenntnis sind das Los Jesu;
sie sind nicht das Los des Esels, du Esel!
Du hörst das Blöken des Esels
und bekommst Mitleid; denn du weißt nicht,
dass der Esel dir befiehlt, ein Esel zu sein.
Schenke deine Sympathie Jesus und nicht dem Esel.
Lass die Triebnatur nicht deinen Geist beherrschen.
Jahrelang warst du der Sklave des Esels.
Das reicht jetzt, denn der Sklave des Esels
kommt noch nach dem Esel.
Lass deine Triebnatur hinter dir,
sie muss die letzte sein
und dein bewusster Geist der erste.
Der primitive Geist denkt nur daran,
wie er an Futter kommt.
Jesu Esel dagegen
nahm das Temperament des Geistes an;
er fand sein Zuhause am Ort der Vergeistigten.

DSCHELALEDDIN RUMI

21. Dezember

Das himmlische Tischleindeckdich

Die Gnade breitet sich weithin aus und zeigt die üppige und großzügige Gastfreundschaft der königlichen Herrlichkeit Gottes in seiner erstaunlichen Freundlichkeit uns gegenüber.

JULIANA VON NORWICH

Im Koran wird die Sure 5 *al-ma'ida, Der Tisch* genannt. In diesem Kapitel gibt es eine Szene zwischen Jesus und seinen Jüngern, die nicht in der Bibel vorkommt. Die Jünger wünschen sich ein Wunder, das sie selbst bezeugen können. So kommen sie auf die Idee, Jesus zu fragen, ob sein Herr im Himmel bereit wäre, ihnen als Wahrheitsbeweis einen Tisch mit Speisen vom Himmel herabzusenden. Wenn sie davon essen könnten, wären sie mit einem Schlag alle ihre Zweifel los und ihre Herzen würden endlich Frieden finden. Jesus sagt: »Fürchtet Gott, wenn ihr wirklich an ihn glaubt!« Dann betet er: »O Allah, unser Herr, sende uns einen Tisch vom Himmel herab mit Speise, dass er ein Fest für uns sei, für den Ersten von uns und für den Letzten von uns, und ein Zeichen von Dir; versorge uns damit, denn Du bist al-Razzaq, der beste Versorger.« Allah verspricht, dass er solch einen Tisch niedersenden will. Hier endet die Szene. Aber wie könnte das himmlische Tischleindeckdich aussehen?

Zwei mögliche Antworten. – Die erste: Alles, was wir als Schöpfung bezeichnen, ist Gottes unendliche Festtafel des Lebens, an die er alle Lebewesen einlädt, um sie zu versorgen. Alle sollen gemeinsam die Gastfreundschaft Gottes genießen. Der christlichen Mystikerin Angela von Foligno wurde in einer Imagination einmal ein solcher Tisch ohne Anfang und Ende gezeigt: »Aber nicht, um den Tisch selbst anzuschauen, sondern das, was darauf war. Und ich sah eine unbeschreibliche Fülle, von der ich nichts anderes sagen oder erzählen kann, als dass ich die Fülle der göttlichen Weisheit und jegliches Gute erblickte.« An dieser unendlichen Tafel der Güte haben alle Menschenkinder Platz, ob sie nun Juden, Christinnen, Muslime, Hindus, Buddhistinnen, Sikhs, Indigene oder Atheistinnen sind.

Die zweite Antwort: Wir selbst sind der Tisch, an den der großzügige Versorger der Welt einlädt. Hier können wir einander unsere besten Eigenschaften auftischen und uns gegenseitig mit Freundlichkeit und Liebe nähren. Wer sich also an Weihnachten auf einen gedeckten Tisch mit guten Gaben freut, muss sich nur an die Mystikerin Madeleine Delbrêl, eine französische Christin, halten: »Es ist Zeit, sich zu Tisch zu begeben? Gehen wir: Es ist Gott, der uns lieben kommt!«

Kleiner Moment Seelenzeit

Wenn du heute die Mahlzeiten für die Feiertage planst und einkaufen gehst, überlege angesichts der ausgebreiteten Lebensmittel, was genügen würde, um dich satt zu machen. Alles andere, was du darüber hinaus kaufst, stammt vom himmlischen Tischlein-deckdich und von Gottes Festtafel. Segne alles in Jesu Namen, was du mit nach Hause nimmst und zubereitest. Und wenn du Gast sein darfst an einer Weihnachtstafel, dann störe dort nicht den Frieden und sorge mit dafür, dass es ein fröhliches gemeinsames Essen wird.

DAS HIMMLISCHE FESTMAHL

Ich möchte die Männer des Himmels
bei mir zu Gast haben
und große Fässer voll Fröhlichkeit
mit ihnen aufmachen.
Ich möchte die drei Marien,
die Glorreichen, dabeihaben;
die Leute aus allen Ecken und Winkeln
des Himmels will ich bewirten.
Sie sollen lustig sein
beim Trinken;
auch Jesus soll mit ihnen
bei mir zu Gast sein.
Einen großen See von Bier
will ich bereit haben für den König der Könige;
ich möchte die Heilige Familie
trinken sehen in Ewigkeit.

DER HEILIGEN BRIGIDA VON KILDARE
ZUGESCHRIEBEN

Vierter Advent

ZÜNDET DIE KERZEN AN

Wenn du, armer Mensch,
Weihnachten feierst,
dann sag zu allem,
was da ist und was du bist,
nur das eine, sag es mir:
Du bist da, du bist gekommen,
du bist in alles gekommen,
selbst in meine Seele,
selbst hinter den Trotz meiner Bosheit,
die sich nicht verzeihen lassen will.
Mensch, sag nur das eine,
dann ist auch für dich Weihnachten,
sag nur: Du bist da!
Nein, sag nichts.
Ich bin da
und meine Liebe ist seitdem unbesieglich.
Ich bin da.
Es ist Weihnachten.
Zündet die Kerzen an,
sie haben mehr Recht als alle Finsternis.
Es ist Weihnacht –
sie bleibt in Ewigkeit.

KARL RAHNER

22. Dezember

Drei Kleider für Weihnachten

Mensch kleide dich in Gott: Gott will sich in dich kleiden,so wird dich nichts von ihm, auch ihn nicht von dir scheiden.

DANIEL CZEPKO VON REIGERSFELD

Als die Mystikerin Gertrud die Große von Helfta einmal über das Christkind meditierte, sah sie in einer Imagination, dass es drei verschiedenfarbige Kleidchen anhatte. Direkt auf seiner nackten Haut lag ein schneeweißes Gewand, das die »holdselige Unschuld« eines Neugeborenen symbolisierte. Darüber trug es ein grünes Kleidchen als Zeichen für Gottes »blühende Gnade«. Gertrud erkannte darin die Zuwendung Gottes zu allen Menschen, die »allzeit grünt und im Tal der Demut niemals verwelken wird«. Und schließlich umhüllte das Kindchen noch ein purpurrotes Oberkleid, ein »wahrhaft königliches Gewand der Liebe, ohne die niemand ins Himmelreich eingeht«.

Gertruds freundliches Bild der drei Babykleidchen kann man für eine eigene Imaginationsübung nutzen. Man kann sie behutsam dem kleinen, verletzlichen Kind, das man einmal war, anlegen und spüren, wie sich das jeweils anfühlt. Das weiße Kleidchen umhüllt unseren zarten, unzerstörbaren und reinen Wesenskern aus Licht. Es bleibt unser himmlischer Schutzanzug vom ersten bis zum letzten Atemzug. Indem man sich das grüne Kleid überstreift, aktiviert man die kraftvolle Energie Gottes, die alles Lebendige hervorbringt, durchströmt und nährt. Man kann sich vorstellen, wie diese Lebenskraft durch den ganzen Körper fließt und jede einzelne Zelle durchtränkt. Das unterstützt unsere natürliche Fähigkeit, Gottes Gegenwart in unserem eigenen Inneren zu erkennen. Und schließlich kann man seinem inneren Kind das vornehme purpurrote Oberkleid anziehen. Damit hüllt man seinen Körper in die königliche Würde, die uns die bedingungslose Liebe Gottes schenkt.

Eine gottfarbene Festtagskleidung, die unserem inneren Adel entspricht und an den Weihnachtstagen die Freude darüber nach außen sichtbar macht.

Kleiner Moment Seelenzeit

In welcher Kleidung fühlst du dich wohl und trägst sie gerne? Was möchtest du an den Weihnachtstagen tragen? Hast du etwas Festliches zum Anziehen, das dir ein Gefühl für deine innere Schönheit und Würde gibt? Versuche auch einmal, dich so bewusst und achtsam wie möglich anzukleiden und dabei den Gedanken Martin Bubers zu vergegenwärtigen:

»Der Augenblick ist Gottes Gewand«.

Selig diejenigen,
die ihr Gewand erkennen,
welches wie Christus leuchtet.

SYMEON DER NEUE THEOLOGE

Alle Seelen können sich selbst
als engelhafte Wesen erkennen,
eingehüllt in ein Gewand
aus Gedanken und Licht.

PARAMAHANSA YOGANANDA

23. Dezember

Berührungswesen aus dem Körperhaus

Von der Haut aus kann man die Seele pflegen.

CARL LUDWIG SCHLEICH

Es gibt einen wunderbaren Zusatz zur Weihnachtsgeschichte, den Lukas viel weiter hinten in seinem Evangelium platziert hat. Er findet sich in Kapitel 11,27. Es ist eine Seligpreisung, aber nicht von Jesus, sondern aus dem Mund einer Frau im Blick auf eine Frau: »Eine Frau aus der Volksmenge erhob ihre Stimme und rief Jesus zu: Glückselig ist der Leib, der dich zur Welt gebracht hat, und glückselig sind die Brüste, die dich gestillt haben!«

Eine Frau feiert den Körper einer anderen Frau. Froh und laut und ohne Scham erinnert sie in aller Öffentlichkeit daran, dass dieser Mann, der da im Namen Gottes so hinreißend lehrt und heilt, einmal ein kleines hungriges Baby war. Ein hilfloser Säugling, wie wir alle, an der Brust seiner Mutter. Im Hebräischen heißen die Brüste »schadajim«. Und der Himmel »schamajim«. Der Himmel nährt uns geistig, so wie am Anfang die Mutterbrust uns körperlich genährt hat.

Der Anthropologe Ashley Montagu schlug sogar vor, Psalm 121 in diesem Sinn neu zu lesen: Die berühmten Worte »Ich hebe meine Augen auf zu den Bergen, von dort kommt mir Hilfe« gehen seiner Meinung nach auf die Urerfahrung eines »vor allem Übel behüteten«, sicher gehaltenen und gestillten Babys am Busen seiner Mutter zurück.

Die unbekannte Frau aus dem Volk darf man als Botschafterin der Mütter bezeichnen. Seit 2000 Jahren singt sie ein Loblied auf unsere erste Herberge im Leben: einen weiblichen Körper, der unseren kleinen Körper beherbergte, nährte und schützte. Es war dieses Körperhaus seiner Mutter, in dem Jesus seine ersten Erfahrungen mit Berührungen gemacht hat, körperlich, seelisch und geistig. Wie alle anderen Menschen auch. Berührung berührt und heilt. Alle Kranken, schreibt Matthäus, die Jesus berührten, wurden gesund. Jesus hatte keine Scheu, zu berühren und sich berühren zu lassen. Und darum fängt Lukas zurecht mit einer Schwangeren an, die Gottes Fülle in sich wahrnimmt. Er erinnert daran, dass wir alle »vom Mutterleib an« zu Gott gehören und der Körper einer Frau der Zukunftsraum des Lebens ist.

Kleiner Moment Seelenzeit

Nimm dir Zeit und streiche mit einer Hand sanft und behutsam über dein Gesicht. Richte deine Achtsamkeit auf genau den feinen Moment, wo der Kontakt beginnt. Spüre dich abwechselnd beim Berühren und Berührtwerden. Stelle dir nun vor, dass du so deine Seele berührst und von ihr berührt wirst, bis dir ganz warm ums Herz wird. Irgendwann ist so viel Überschuss an Wärme da, dass du sie als Lächeln oder als liebevolle Berührung aus dir herausströmen lassen und verschenken kannst.

Der Körper ist der Engel der Seele,
der ihr zum Ausdruck verhilft und
der sie beschützt.
Daher sollten wir unserem Körper
stets liebevolle Aufmerksamkeit schenken.

JOHN O´DONOHUE

WEIHNACHTS ZAUBER

24. Dezember

Der Christbaum und die Wurzeln der Welt

Es gibt auf dieser Erde einen wunderbaren Baum.
Seine Wurzel – welch Geheimnis! –
befindet sich im Himmel.

THÉRÈSE VON LISIEUX

Einen Christbaum zu schmücken, glich im 16. Jahrhundert einem Glaubensbekenntnis. Er fand sich anfangs nur in lutherischen Häusern, die Katholiken blieben lieber der seit dem 13. Jahrhundert bekannten Krippe treu. In Osteuropa hielt sich lange der Brauch, den Christbaum nicht aufzustellen, sondern ihn mit der Spitze nach unten an die Decke zu hängen. Was heute wieder voll im Trend liegt, findet sich schon in der indischen Baghavad Gita als »arbor inversa«, der umgekehrte Baum der Weisheit, dessen Wurzeln im heiligen Grund des Himmels verankert sind, während sich seine belaubten Zweige zur Erde hinab strecken. Die Wurzeln verkörpern den göttlichen Geist. Wer sie in der Meditation tränkt, kann die Erleuchtung erlangen.

Auch die jüdische Mystik kennt den umgekehrten Baum, »schoresch ha-ilan«. Gott gab ihm den Namen »Alles«, da alles aus seinen verborgenen Wurzeln im Himmel hervorgeht und von ihm abhängt. Der Weg führt laut Azriel von Gerona von der verborgenen göttlichen Wurzel hinab in die Formenvielfalt der Welt. Wenn man umgekehrt zurück zur göttlichen Wurzel gehen will, »muss man die ganze vielfältige Welt einsammeln und in einer einzigen leuchtenden Einheit zusammenbringen. Wenn dabei auch die Formen zerstört werden, die Wurzel wird nie zerstört.«

Der Philosoph Emanuele Coccia sieht in den Wurzeln der Pflanzen die »aktiven Organe der kosmischen Durchmischung« und in den grünen Blättern das »kosmische Bindegewebe«. Ihr permanenter Austausch erzeugt den sauerstoffreichen Luftozean, der unser aller In-der-Welt-Sein ermöglicht. Und weil unsere Erde ein Himmelskörper ist, ist alles, was hier auf Erden geschieht, ein »himmlisches Ereignis … ein göttliches Faktum«.

Wenn an Heiligabend der Christbaum hell erstrahlt, dann kann man in diesem Licht die leuchtende Einheit der himmlischen Wurzeln erinnern. Und die Botschaft des neugeborenen Heilands verstehen: Alles ist von Gottes Geist durchatmet – wie im Himmel so auf Erden.

Kleiner Moment Seelenzeit

Stelle dich vor den Christbaum und mache dir bewusst, dass er genau wie du dank der Schwerkraft auf einem winzigen Himmelsstern »klebt«, der mit 220 Kilometern pro Sekunde durch den Kosmos, durch seine Heimatgalaxie Milchstraße rast. Alles über, unter und um den Baum herum ist himmlisches Terrain. Die Christbaumspitze weist nicht in den »Himmel«, sondern in die unvorstellbare Tiefe des Weltraums mit seinen Milliarden von Galaxien, Sonnen und Sternen. Und wo immer du heute vor einem Christbaum stehst, ist deine Seele der Mittelpunkt des Universums, weil es omnizentrisch ist.

Suche und entdecke die Wurzel deiner Seele,
damit du deine Seele erfüllen
und zu ihrer Essenz zurückbringen kannst.

MOSES ZACUTO

Die Krippe

Ach könnte nur dein Herz zu einer Krippe werden!
Gott würde noch einmal ein Kind auf dieser Erden.

ANGELUS SILESIUS

Wir fassen keinen andern Gott als den,
der in jenem Menschen ist,
der vom Himmel kam.
Ich fange bei der Krippe an.

MARTIN LUTHER

Vor der Krippe ist man mit allen verbunden,
die in aller Welt verstreut sind,
und auch über alle Welt hinaus.
Das ist ein trostvolles Geheimnis.

EDITH STEIN

25. Dezember

Wer schließt die Lücken?

Kontemplation bedeutet, geduldig darauf zu warten, dass sich Lücken schließen.

RICHARD ROHR

Die vielen Figuren in einer klassischen Weihnachtskrippe täuschen eine üppig besetzte Weihnachtsgeschichte aus filmreif ablaufenden Szenen vor, die es nach dem Zeugnis der Bibel so gar nicht gegeben hat. Markus, immerhin das älteste Evangelium, ist in Sachen Weihnachten ein Totalausfall. Er verliert kein einziges Wort über die Geburt Jesu. Markus ist der ideale Evangelist für Weihnachtsmuffel und all die Skeptischen, die über die rührseligen Heiligabendgeschichten fürs Gemüt nur lächeln können.

Was Matthäus als sein Weihnachtsevangelium präsentiert, besteht aus Lücken: Er weiß nichts vom Engel, der Maria ihre Schwangerschaft ankündigt, ihrem Besuch bei Elisabeth, nichts von himmlischen Engelschören für die Hirten bei ihren Herden, ihrem nächtlichen Lauf zur Krippe oder den Tüchern, in die Maria ihr erstes Kind wickelte. Selbst der großartige Weihnachtserzähler Lukas weiß weniger als die meisten Grundschulkinder. Bei ihm fehlen der Engel, der Josef im Traum erscheint, der Stern von Bethlehem, die Magier aus dem fernen Osten, ihre teuren Geschenke, der mordlüsterne Herodes und die Flucht nach Ägypten. Lücken über Lücken. Und trotzdem bieten alle drei Evangelisten genug Stoff für die Seele, um sie an ihre eigene wundersame Herkunft aus Gott zu erinnern.

Bleibt noch Johannes. Der Beginn seines Evangeliums wird im Gottesdienst traditionell im hellen Tageslicht des 25. Dezembers gelesen. Aus gutem Grund: Der Prolog ist die hochgradig verdichtete, rein geistige Essenz der Weihnachtsgeschichte. Das spirituelle Upgrade, die Version für Fortgeschrittene. Formuliert aus der glasklaren Perspektive eines erleuchteten Bewusstseins: »Im Anfang war der Logos, und der Logos war bei Gott, und Gott war der Logos … Und der Logos nahm menschliche Natur an und wohnte unter uns und wir sahen seine Herrlichkeit, als des eingeborenen Sohnes vom Vater, voller Gnade und Wahrheit.« (Joh 1,1.14)

Logos bedeutet schöpferische Gotteskraft, ins Leben rufendes Wort, kosmische Bewusstheit, allgegenwärtig göttlicher Geist. Jesus ist seine Verkörperung. In ihm erkennt man die Wahrheit: Gott ist die Fülle, die alles erfüllt. Er ist in allen und umhüllt alles. Nirgends ist er nicht. Der Logos schließt alle Lücken. Dank ihm können wir kontemplativ die Leerstellen ausfüllen und die Lücken schließen: Indem wir uns in die weihnachtlichen Szenen hineinversetzen und im Jesuskind uns selbst erkennen. Oder indem wir, wie Markus und Johannes, auf den weihnachtlich-gemütvollen Bilderbogen verzichten. Dann steht man sofort dem Zimmermannssohn aus Nazareth, Jesus dem Lebendigen, gegenüber. Aus ihm strahlt das eine Licht Gottes, das die sichtbare und unsichtbare Welt mit Glanz erfüllt. Und dieses Licht, lehrte er, wohnt in uns allen. Wir müssen es nur erkennen.

Kleiner Moment Seelenzeit

Schärfe heute dein Bewusstsein für die Lücken in dieser Welt. Gehe spazieren und achte auf die Zwischenräume bei Stühlen, Zäunen, Fahrrädern, Gehwegplatten, zwischen Häusern, Bäumen, geparkten Autos ... Setze dich zu Hause ruhig hin und nimm die kleine Lücke wahr, die zwischen jedem Ein- und Ausatmen entsteht. Halte den Atem nicht an, sondern beobachte nur den natürlichen Raum der Stille, den dir die Lücke schenkt. Hier ist der Geist gegenwärtig.

Nirgends bist du nicht.
Wieder such ich dich in mir.
Wieder öffnest du die Tür.
Nirgends bist du nicht.

Nirgends bist du nicht.
Wieder atmest du in mir.
Wieder zieht es mich zu dir.
Nirgends bist du nicht.

Nirgends bist du nicht.
Wieder bist du Gegenwart.
Wieder hältst du mich ganz zart.
Nirgends bist du nicht.

Nirgends bist du nicht.
Wieder bist du Sternenklang.
Wieder werd' ich zum Gesang.
Nirgends bist du nicht.

Nirgends bist du nicht.
Wieder leuchtet mir dein Licht.
Wieder schau ich dein Gesicht.
Nirgends bist du nicht.

Nirgends bist du nicht.
Wieder ist mein Ich vorbei.
Wieder gibt es nicht mehr zwei.
Nirgends bist du nicht.

MARION KÜSTENMACHER

26. Dezember

Lauf in den Frieden hinein

Der Mensch, der es geschafft hat, inneren Frieden zu finden, kann diesen der ganzen Welt bringen.

RABBI SIMCHA BUNEM VON PRZYSUCHA

Als die Hirten auf dem Feld die Botschaft »Friede auf Erden und den Menschen ein Wohlgefallen!« (Lk 2,14) hören, beginnt für sie die Heilige Nacht. Nicht gemütlich am Lagerfeuer, sondern mit einem Spurt durch die Dunkelheit, so schnell sie laufen können. Herden kann man hinter Zäunen hüten, aber der Frieden, der alles durchbricht, ist weniger zahm. Er verträgt keine Hürden, er ignoriert Zäune, er verwirft Bedenken, er überwindet Ängste und läuft los. Frieden ist kein Stillstand, sondern im wahrsten Sinn des Wortes ein fortlaufender Prozess. Von den Hirten kann man sich das abschauen: Frieden holt uns aus der eigenen Sicherheitszone hinaus und zieht uns hinüber ins göttliche Milieu, dorthin, wo das direkt aus Gott Geborene zu finden ist.

Meister Eckhart hat das zum Thema einer seiner großen Deutschen Predigten gemacht: »Man soll laufen in den Frieden, man soll nicht anfangen im Frieden.« Eckhart las Jesu Wort »hypage eis eirenen« bei Markus (5,23, lateinisch »vade in pace«) sehr richtig als »Lauf in den Frieden hinein«. Das ist viel dynamischer als die bekannte Übersetzung »Gehe hin in Frieden«. Eckhart folgerte daraus, dass man von Jesus regelrecht in Richtung Frieden gestoßen wird und mit dem Laufen nicht eher aufhören solle als dort, wo man ganz und gar im Frieden Gottes angekommen ist.

Frieden ist für Meister Eckhart auch keine Gefühlssache, sondern ein Gradmesser dafür, wie nahe man innerlich bei Gott ist: »Genau so weit wie in Gott, so weit [ist man] in Frieden. Was auch immer von einem in Gott ist, das hat Frieden; ist dagegen etwas von einem außerhalb Gottes, so hat es Unfrieden.« Das ist der Frieden, nach dem die Mystiker und Mystikerinnen suchen.

Fauler Frieden dagegen weiß nichts von diesem Prozess. Er ist eingehegte Bewegungslosigkeit, die zu Seelendämmer und Geistesträgheit vergattert. Auch ein Zaun aus Logik, Vernunft und rein rationalen Für-und-Wider-Abwägungen grenzt Gott aus. Der Intellekt ist eine großartige Geistesprovinz, die dennoch dem inneren Friedenslauf des Geistes zu enge Grenzen setzt. Der Weg des Friedens, wie ihn Jesus vorlebte und an seine Jünger weitergab, ist darum trans-rational, höher als alle Vernunft. Jesus ist der Friede, der den »Zaun abgebrochen hat«, heißt es im Epheserbrief (2,14). Er hat alles Ferne und Nahe in Gottes Frieden vereint. Damit hat alle »Feindschaft«, alles dualistische Denken ein Ende.

Kleiner Moment Seelenzeit

Versuche heute, so oft es geht »in den Frieden hineinzulaufen«, indem du immer wieder den nächsten Augenblick als deinen persönlichen kleinen Friedensmoment anpeilst. Atme ein paar Mal ruhig ein und aus und spüre, dass du damit in den Frieden eintauchst wie in ein weites Meer. Stell dir auch vor, wie mit jedem Atemzug eine freundliche kleine Welle Frieden in die Welt hineinrollt. Zünde in der Dämmerung ein Friedenslicht an und verbinde dabei deinen Atem mit dem Wort Jesu: »Meinen Frieden gebe ich euch!« (Joh 14,27) Wem schickst du Frieden?

Denn uns ist ein Kind geboren,
ein Sohn ist uns gegeben,
und die Herrschaft ruht auf seiner Schulter;
und er heißt Wunder-Rat, Gott-Held,
Ewig-Vater, Friede-Fürst.

JESAJA 9,5

Weihnachtsfeiertage

Gott hat gesagt:
»Licht soll aus der Finsternis hervorleuchten!«
Darum hat er es in unseren Herzen hell
werden lassen,
damit wir erleuchtet werden
und die Herrlichkeit Gottes erkennen,
die wir im Angesicht Jesu Christi sehen.

PAULUS VON TARSUS, 2. KOR 4, 6

Schau, so geht es allen,
die diese innere Geburt Gottes erleben:
Genauso, wie bei einem Blitzschlag
alles umgewendet wird,
so wenden sich für dich alle Dinge Gott zu.
Alle Geschöpfe zusammen können dich dann nicht
mehr daran hindern, in Gott zu sein.

MEISTER ECKHART

Ja, das ist das Licht,
das eine,
und eins sind alle,
die es sehen und lieben.

AUGUSTINUS

RAUHNÄCHTEKRAFT

27. Dezember

Maria lactans, die stillende Maria

Jesus sah kleine Babys, die gestillt wurden. Er sagte zu seinen Jüngern: Diese Säuglinge gleichen denen, die ins Königreich gelangen.

THOMASEVANGELIUM, LOGION 22

Ein großer islamischer Mystiker, der viel über Jesus schrieb, war der Poet Dschelaleddin Rumi. Er war ein Meister wunderbar stimmiger Bilder, mit denen er die Herzen seiner Leser und Leserinnen für Gott öffnete. Einmal stieß ich auf eine seltsame Passage, deren Ende für mich überhaupt keinen Sinn machte. Rumi drückt damit seine unendliche Sehnsucht nach Gott aus: »Ich werde schreien nach Dir und schreien nach Dir, und ich werde nicht aufhören zu schreien, bis die Milch deiner Güte überkocht!«

Was für eine Leidenschaft – und was für ein schiefes Bild am Schluss. Kein Mensch schreit nach Gott, bis ein Topf mit Milch überkocht. Aber dann ging mir ein Licht auf. Der Haken war: Der Übersetzer war ein Mann, dem sich das Bild, das Rumi vor Augen hatte, nicht erschlossen hatte. Denn es ist die Urerfahrung der Einheit zwischen Mutter und Kind, die hier eingefangen wurde. Wenn man den Text aus dieser Perspektive liest, sieht man sofort ein schreiendes Baby, das von seiner Mutter gestillt werden möchte. Und so muss es heißen: »... ich werde nicht aufhören zu schreien, bis die Milch deiner Güte überfließt.« Jede Frau, die schon einmal ein Kind gestillt hat, versteht das sofort. Sie weiß, dass dieses Schreien ihres Babys den Milchflussreflex auslöst und die Muttermilch zu strömen anfängt. Oft reicht es schon, nur an das Baby zu denken. Oder die Milch strömt und keine zwei Minuten wacht das Baby auf und will gestillt werden.

Allah trägt im Islam viele Namen, einer davon lautet »Al-Muquiet«, der »Alle Ernährende«. Rumi gibt ihm eine intime mütterliche Gestalt. Hier ist man gehalten und sicher. Hier wird die Seele satt. Rumi erweitert das auch auf Jesus. Aus Jesu Herz strömt »dhikr«, die Milch permanenter Gottespräsenz.

Aus dem Taoismus kennen wir die Hymne an die nährende Mutter Tao, die sich ohne Rückhalt verströmt, sich keinem versagt, alle Wesen liebt und alles Lebendige sättigt. Im Judentum sagt man: Stillen ist ein Akt reiner Liebe, deshalb ist die Brust auch am Herzen angewachsen. Darum segnet Gott »mit dem Segen der Brüste« (1. Mose / Genesis 49,25). Und darum haben wir im Christentum für diesen gesegneten Anfang, der Urvertrauen stiftet, das große Andachtsbild der stillenden Maria. Wer es meditiert, ernährt seine Seele und stillt sein hungriges inneres Kind. Jakob Böhme, der evangelische Mystiker, empfahl genau das: »Wir sollten wie ein Kind, das noch nichts versteht, sondern nur seine Mutter kennt und sich nach ihr sehnt, in göttlichem Essen und Trinken Gottes Kinder werden!«

Kleiner Moment Seelenzeit

Halte heute immer, wenn du etwas isst oder trinkst, ein wenig inne, damit du es bewusst zu dir nehmen kannst. Wer und was hat dich alles genährt? Körperlich, emotional, geistig? Erinnere dich auch an Erfahrungen in der Natur, die deine Seele satt gemacht haben. Womit stillst du deinen spirituellen Hunger? Und wen nährst du selbst mit deiner Zuwendung, Fürsorge, deinem Humor, deinem Wissen und deiner Lebenserfahrung?

Meine Seele ist still und ruhig geworden
wie ein gestilltes Kind bei seiner Mutter.
Wie ein sattes Kind an der Mutterbrust
so ist meine Seele still in mir.

PSALM 131,2–3

Nach dir verlange ich.
Nach dir dürste ich, o Gott!
Mein Herz geht auf in dir.
Wie ein Kind sich satt trinkt,
wenn es gestillt wird,
so wird mein Herz glücklich
in deiner Nähe, o Gott.
Dann leuchtet es –
wie eine Lampe in der Dunkelheit.

ARJAN DEV

Vom Innehalten und Ausruhen

Zieht euch allein zurück und ruht euch ein wenig aus.

JESUS ZU SEINEN JÜNGERN, MARKUSEVANGELIUM 6,31

So knapp also formuliert Jesus sein spirituelles Ferienprogramm für Körper, Geist und Seele. Seine Jünger waren hungrig, physisch ausgepowert und mental erschöpft von langen Missionswanderungen zurückgekehrt. Was sie jetzt am meisten brauchten, war keine inspirierende Predigt, sondern Selbstfürsorge in Form von Rückzug, Schlaf und Erholung. So lange, wie es eben für jeden Einzelnen nötig war.

Zum Weihnachtsrummel gehört es, dass man sich vor und während den Feiertagen um vieles kümmern muss: Geschenke besorgen, Pakete packen, Dekorieren, Einkäufe fürs Weihnachtsessen, Christbaum aufstellen,

Kochen, Aufräumen … Die To-do-Liste ist lang, die Aufgaben sind nicht immer gleich auf alle verteilt, die echten Pausen fehlen. Für Unrast gibt es immer einen Grund, fürs Ausruhen und Ausschlafen meist zu wenig Zeit.

Viele hundert Jahre nach Jesus dachte die Schriftstellerin Anaïs Nin über das Innehalten und Ausruhen nach. Sie nannte es den Druckausgleich zwischen ermüdendem, niederdrückendem Äußeren und dem erholsamen Platz, wo man wieder auftankt und sich von Neuem aufrichten kann. In jeder echten Pause verbirgt sich für sie die Chance für eine zweite Geburt, die jede und jeder selbst verwirklichen kann. Autonomie hängt also mit einer Lebensweise in Balance zusammen, für die wir selbst verantwortlich sind.

Rückzugsorte und wirkliche Auszeiten dienen nicht nur der physischen Erholung. Sie sind nötig, um sich wieder selbst zu begegnen. Innerlich zur Ruhe zu kommen oder etwas auf sich beruhen lassen können, ist beste Selbstfürsorge. Der chinesische Dichter Lin Yutang verglich einmal die erholsame Auszeit mit der freien Bodenfläche in einem Zimmer. Die Seele schafft sich so leeren Platz für das »göttliche Verlangen nach Müßiggang, gegründet auf einer innigen Liebe zum Leben«. Und für den Mystiker Meister Eckhart war der Rückzug in die »Abgeschiedenheit« das Allerbeste. Er sah darin ein Reinigungsprogramm für die Seele, das gleichzeitig das Herz erwärmt und den Geist aufweckt. Wichtig ist bei allem immer die Mühelosigkeit. Man lässt für eine kleine Weile einfach los, lässt die anderen machen. Man überlässt sich vertrauensvoll dem gottdurchwirkten Augenblick einer heilsamen Pause. Und schläft sich aus in himmlischer Ruh.

Kleiner Moment Seelenzeit

Stecke dir morgens fünf kleine Perlen in eine linke Jacken- oder Hosentasche (Bohnen, Büroklammen oder 1-Cent-Stücke gehen auch). Damit kannst du dir über den Tag verteilt fünf erholsame Momente des Innehaltens markieren. Nimm eine Perle in die Hand, wenn du spürst, dass du eine Pause brauchst, um wieder ganz bei dir zu sein. Achte auf deinen Atem und bete dabei wortlos den Gottesnamen »ICH BIN«. Nach jeder Pause legst du die Perle in die rechte Tasche. Eine kleine Rückschau am Abend zeigt dir, wie das Innehalten deinen Tag mitgeprägt hat.

Man muss dem Inneren
die entspannte Ruhe zugestehen,
auch wenn man überzeugt ist,
die Zeit im Nichtstun zu verlieren.
Das Einzige, was man
in diesem Zustand tun kann, ist dies:
Man soll das Innere freilassen
von Wahrnehmungen und Gedanken,
Meditationen und Überlegungen
und sich ausschließlich hingeben
an ein liebevolles und friedvolles
Innewerden Gottes.

JOHANNES VOM KREUZ

29. Dezember

Der Fromme als Schlusslicht

Das wahre Wissen wird zu demjenigen kommen, der wach bleiben kann. Wer geduldig Wache hält, wird es spüren, wenn Gott in seine Nähe kommt.

FARIDUDDIN ATTAR

Für jede Kunst gibt es einen Meister. Für die Kunst des Wartens steht in der Weihnachtsgeschichte von Lukas der alte Simeon. Ihm war prophezeit worden, dass er nicht sterben werde, bevor er nicht den Messias gesehen habe.

Und so wartete Simeon, Tag für Tag, Monat für Monat, Jahr für Jahr. Immer hielt er Ausschau nach dem Messias. Mit diesem suchenden Blick ging er durch die Straßen von Jerusalem, in den Basar, in die Häuser seiner Freunde, in den Tempel, in jeden Gottesdienst.

Simeon sah in Tausende von Gesichtern. Simeon erkannte in keinem den Messias, aber er lernte die Menschen kennen. Er lernte in ihren Herzen zu lesen, ihre Ängste und Hoffnungen, Sorgen und Freuden. Das war oft schwer, aber am Ende füllten sich die Speicher seines Herzens mit Liebe zu den Menschen. Er war zu einem Meister des Wartens geworden. Und selbst die, die anfangs über den wunderlichen Simeon und seine komische Warterei gespottet hatten, waren nun froh, einen wie ihn unter sich zu haben. Um ihn war immer Hoffnung und Zuversicht.

Aber ausgerechnet der Mann in Israel, der am treuesten den Messias erwartete, erlebte keine Heilige Nacht. Simeon sah keinen Stern, der ihn nach Bethlehem führte. Er hörte keine Engel auf den Feldern singen. Er stand nicht an der Krippe. Für ihn gab es kein nächtliches Wunder. Kein fröhliches, friedvolles, gnadenreiches Weihnachten. In der Nacht der Nächte sprach der Geist Gottes nicht zu ihm. Gott ließ ihn warten. Wie er ihn all die Jahre hatte warten lassen. 40 Tage lang passierte nichts.

Dann sah er das Neugeborene im Tempel. Das Kind war wach. Es sah ihn an. Hier in den Augen eines winzigen Säuglings waren all die Bilder, die Simeon jahrelang in seinem Herzen gesammelt hatte: Kummer, Leid, Sorgen, Mühsal, Hoffnung, Sehnsucht, Freude, Glück, alles Lebendige hatte Platz in den Augen dieses Kindes.

Und Simeon verstand: In allem, durch alle Augen hindurch hat mich Gott angeschaut. Er ist jetzt auch in diesem Kind vollkommen gegenwärtig. Wer das begreift, sieht, wie Simeon, den Messias überall von Angesicht zu Angesicht. Jetzt und allezeit.

Kleiner Moment Seelenzeit

Visualisiere dich als sehr alter Mensch wie Simeon im Tempel. Gehe real oder in deiner Vorstellung an einen für dich heiligen Ort: in eine Kirche, Kapelle, Synagoge oder Moschee. Du kannst auch einen Platz in der Natur aufsuchen, wo du besonders offen für das Göttliche bist. Sammle dich und stell dir vor, dass man dir hier ein Kind in den Arm legt, das im nächsten Jahrhundert geboren wird. Was wünschst du ihm für die Zukunft? Sprich Segensworte, die es ins Kraftfeld des Heiligen heben.

Jetzt: dein Fingerzeig, der mich hauchzart berührt.
Jetzt: dein Flüsterwort, das zum Frieden mich führt.
Jetzt: dein Himmelslicht, das dem Dunkel entspringt.
Jetzt: dein Liebeslied, das sich wortlos mir singt.
Jetzt: dein Leidensweg, der durch Herzbahnen drückt.
Jetzt: dein Freudentanz, der die Seele entzückt.
Jetzt: deine Gegenwart, die so hell nach mir winkt.
Jetzt: dein Glanz, in dem alles versinkt.

MARION KÜSTENMACHER

30. Dezember

Blick zurück ohne Zorn

Vom Augenblick beherrscht und eingefangen,
zerfällt der Tag, der Monat und das Jahr.
Und jede Scherbe schafft Verlangen –
nach Ganzheit: Wie sie niemals war.

GÜNTER KUNERT

Am Ende der Weihnachtsgeschichte nach Matthäus heißt es, dass Maria, Josef und das Kind ins Exil nach Ägypten fliehen. »Ägypten« steht in der jüdischen Mystik des Dow Bär von Mesritsch als Symbol für die »Kelipot«, die äußeren »Schalen« der Wirklichkeit. Wer »nach Ägypten« muss, erlebt zuvor einen Einschnitt oder Bruch im äußeren Lebenslauf. Manchmal sind es schmerzliche Scherben, die einfach nicht zu kitten sind. Der Existenzanalytiker Viktor Frankl sprach von der tragischen Trias, mit der wir in unserem Leben konfrontiert werden: dem unvermeidbaren Leid, der unausweichlichen Schuld und unserem unentrinnbaren Tod. Aber selbst wenn man ein gutes Jahr durchlaufen hat, schaut man im Jahresrückblick auf Bruchstückhaftes: Nicht alles gelang, vieles blieb liegen, ungesagt, ungetan. Es gab ungenutzte, unwiederbringliche Gelegenheiten. Es gab Streit. Es gab Krankheit. Es gab Verluste. Wenn man nur darauf starrt, bleibt man mit sich selbst im Exil, entwickelt ein gebrochenes Verhältnis zu sich selbst. Man hängt in einer verlorenen Vergangenheit fest, die einem keine Ruhe lässt und keine Zukunft eröffnet.

Viktor Frankl empfahl dagegen als Heilmittel, ganz bewusst die Scheunen der Vergangenheit mit dem aufzufüllen, was uns stärkt. In all dem Fragmentarischen des vergangenen Jahres finden sich auch kleine Momente der Freude. Augenblicke echter, tief empfundener Dankbarkeit. Humor als Lachen über sich selbst und mit anderen. Wer die Scheune des vergangenen Jahres damit füllt, kehrt aus dem Exil zurück. Er entscheidet selbst darüber, was Sinn macht im eigenen Leben, was bleibenden Wert hat und was wirklich zählen soll. So kann man sich mit sich selbst versöhnen und eins sein. Man sagt Ja zu den reichen Anteilen des Jahres ebenso wie zu den armen. Dann schaut man mit einem freundlichen Blick auf alles zurück, was man in diesem Jahr Schönes erlebt hat oder was einem zugemutet wurde: armselige Bettlermomente ebenso wie sonnenhelle Augenblicke voller Kaiserwetter.

Kleiner Moment Seelenzeit

Der Philosoph Seneca riet seinem Freund Lucilius in einem Brief: »Sieh jeden einzelnen Tag als ein einzelnes Leben an!« Dadurch, sagt Seneca, läuft das Leben nicht an uns vorbei, »ganz gleich, wie viele Tage noch kommen werden«. Je gegenwärtiger du lebst, desto weniger hängt dein Glück von der Zukunft ab. Versuche heute den Tag bewusst als eine Einheit zu bejahen. Betrachte ihn als ein Ganzes, das du durchlebt hast und sich wie eine Kugel selbst abrundet.

In einem Haus, auf feinem Tannenreiser,
sitzen ein Bettelmann und ein Kaiser.
Beide summen und lachen und trinken
und reden laut und leise und winken.
Ein volles Jahr rollt über das Dach.
Ein volles Jahr rollt über das Dach.

JESSE THOOR

31. Dezember

Über die Brücke gehen

Werdet Vorübergehende!

JESUS, THOMASEVANGELIUM LOGION 42

Zu diesem Jesuswort gibt es eine Parallele in der indischen Jama Masjid Moschee von Fatehpur Sikri (Stadt des Friedens in Indien). An dem imposanten, 54 Meter hohen Südportal ließ der islamische Großmogul Akbar 1601 folgende Inschrift anbringen: »Jesus, über dem Frieden sei, hat gesagt: Die Welt ist eine Brücke, geht wie Wanderer über sie hinüber, aber lasst euch nicht auf ihr nieder.«

Das Bild der Brücke, auf der wir uns nicht niederlassen sollten, hat zwei Gruppen im Blick. Hier saßen die Zöllner, die anderen das Weiterreisen durch hohe Brückenzollgebühren erschwerten und sich bereicherten. Die andere Gruppe waren Bettler, denen selbst die lebensnotwendigen Mittel zum Weiterziehen fehlten. Jemand, der vorübergehen kann, ist dagegen frei, unabhängig und selbstbestimmt. Weder hat er sich an ein unehrenhaftes Geschäft gebunden, noch ist er auf die Wohltaten anderer angewiesen. Für ihn ist der Weg offen, die Brücke tatsächlich passierbar, eine sichere Verbindung zwischen zwei Ufern, die hinüber in ein neues Land voller neuer Möglichkeiten führt.

Jesus selbst lebte wandernd dieses freie Leben vor und erinnerte auf seiner Erdenreise an die wichtigste Verbindungsbrücke zwischen Himmel und Erde, Gott und Mensch: das Reich des Lichts. Wer ein Vorübergehender ist, schaut so auf Größeres als die eigene Lebensspanne. Er reist im Licht hin zum Licht und verneigt sich dabei vor dem unendlichen Strom des Lebens, wann immer er eine Brücke überschreitet.

Silvester ist also eine gute Gelegenheit, sich diese Brücke vorzustellen, auf der man wenigstens einmal im Jahr bewusst innehält. »Passing through – sometimes happy, sometimes blue«, wie Leonard Cohen sang. Eine Durchgangsstation, die uns, egal ob man gerade glücklich oder melancholisch gestimmt ist, die unfassbare Tiefe und Schönheit des Lebens offenbart. Ob unter dem bunt explodierenden Funkeln eines lauten Brillantfeuerwerks oder in der stillen Gegenwart einer warmen Kerzenflamme, Silvester bleibt ein kollektiver Transitmoment unser aller Reise ins Licht, der uns mit Menschen rund um den Globus verbindet. Was sollte man Erhellendes mitnehmen, wenn man um Mitternacht die Brücke ins neue Jahr überquert? Unbedingt Zukunftsfreude, Hoffnungsstärke und mutiges Vertrauen in innere wie äußere Wandlungsprozesse. Diese Werte erwarten uns als lichtvolle »Brückenheilige« und geben uns Kraft und Zuversicht mit für einen gesegneten Start im neuen Jahr.

Kleiner Moment Seelenzeit

Bevor du über die Brücke ins neue Jahr gehst, denke noch einmal an die vergangenen zwölf Monate als einen Zeitraum zurück, der sich aus einer riesigen Summe kleiner Augenblicke zusammenfügte. Gab es in diesen 31 536 000 Sekunden für dich schöne Momente, in denen du ganz wach und gegenwärtig warst? Gab es eine wichtige Begegnung? Eine wertvolle Erfahrung? Suche nach ihrer Essenz, die du als deinen spirituellen Schatz bewusst mit ins neue Jahr nehmen willst.

Tiere blicken nicht zu den Sternen auf,
und Engel sind auf das Reich des Geistes beschränkt;
der Mensch jedoch ist Gottes Brücke
zwischen Himmel und Erde,
zwischen unendlichem Geist und endlicher Materie.

RABBI MENACHEM MENDEL SCHNEERSON

Neujahr

DIE KOSTBARE ZEIT

Gehe deshalb sorgsam mit der Zeit um
und sieh zu, wie du sie verwendest;
denn nichts ist kostbarer als die Zeit.
In einem einzigen Augenblick,
so kurz er auch ist, kann man
den Himmel gewinnen und verlieren.
Es hat einen tieferen Sinn,
dass die Zeit kostbar ist,
denn Gott, der sie gibt,
verteilt niemals zwei Augenblicke auf einmal,
sondern einen nach dem anderen.
Und dies tut Er, weil Er die Ordnung
und den natürlichen Lauf Seiner Schöpfung
nicht umstoßen will.
Denn die Zeit ist für den Menschen geschaffen
und nicht der Mensch für die Zeit.

DIE WOLKE DES NICHTWISSENS

1. Januar

Zeit der guten Wünsche und Vorsätze

Wonach sehnt ihr euch, heilige Seelen?
Lasst eurer Sehnsucht freien Lauf, tragt eure Wünsche über alles Maß und über alle Grenzen hinaus, macht euer Herz groß und lasst es dem Unendlichen entgegenschlagen!

JEAN-PIERRE DE CAUSSADE

Viele Vorsätze zu Neujahr sind eher gut gemeinte Kopfgeburten und halten oft nicht lange. Trotzdem sind sie zu etwas gut. Wie die Positionslichter einer Startbahn, die noch im Nebel liegt, geben sie eine mögliche Richtung vor. Damit daraus aber echte Leuchtmarken für den eigenen Weg der Entfaltung werden, braucht es mehr als nur eine mentale Vorstellung darüber, was man von nun an ändern oder anpacken möchte.

Im Judentum spricht man von der »Kawana«, der reinen Herzensabsicht, die allem, was man tun möchte, zugrunde liegen sollte. Ursprünglich bezieht sich der Begriff auf die innere Haltung beim Gebet. In Kawana steckt die Wurzel »lenken«. Man lenkt alle Geisteskräfte auf Gott und ist mit ganzem Herz und ganzer Seele bei ihm. Martin Buber leitete daraus eine umfassendere Deutung ab: »Kawana ist das Mysterium der auf ein Ziel gerichteten Seele.« In der jüdischen Mystik fragt man sich darum: Ist das, was ich mir persönlich wünsche oder vornehme, in Gott gegründet? Wenn unsere Wünsche diesen Anker haben, führen sie uns über uns hinaus. Man entwickelt ein Bewusstsein dafür, dass man damit Gott Raum gibt. Kawana, die reine, aufrichtige Herzensabsicht, verlangt also echte innere Beteiligung. Dann spürt man immer genauer, wo und wie durch uns die Samen von Großmut, Respekt, Liebenswürdigkeit, Hilfsbereitschaft aufgehen wollen, die der Geist in uns gelegt hat. Durch unser Tun kommt Gott jeden Tag neu zur Welt. Die Evolution des Wahren, Guten und Schönen findet zu unserer Freude in uns und durch uns statt.

Niemand muss sich dabei überfordern, aber man kann jeden Tag einen kleinen Schritt tun. Man kann wie Papst Johannes XXIII. für sich selbst eine freundliche Regieanweisung schreiben. In seinem Dekalog der Gelassenheit fängt jeder Vorsatz mit »Nur für heute werde ich …« an:

»Nur für heute werde ich etwas tun, wozu ich eigentlich keine Lust habe … Nur für heute werde ich nicht danach streben, die anderen zu kritisieren oder zu verbessern – nur mich selbst … Nur für heute werde ich eine gute Tat vollbringen … Nur für heute werde ich keine Angst haben … Ich werde mich nicht entmutigen lassen durch den Gedanken, ich müsste dies alles mein ganzes Leben lang durchhalten. Heute ist es mir gegeben, das Gute während zwölf Stunden zu wirken.« Mit diesem Rezept wurde er zum Reformer und »Il Papa buono«, der gute Papst.

Kleiner Moment Seelenzeit

Widme diese kleine Auszeit dem Wohlergehen anderer. Welche Menschen fallen dir spontan ein? Lass im Denken an jede und jeden möglichst nur dein Herz sprechen: Was wünschst du ihnen aufrichtig Gutes? Welches Glück soll ihm oder ihr im neuen Jahr beschert sein? Stelle dir vor, dass alle deine Neujahrswünsche aus deiner Herzensmitte heraus von den Brieftauben der Freundschaft, Güte und Liebe zu den Empfängern getragen werden.

GUTE VORSÄTZE

Liebevoll sprechen und liebevoll schweigen,
mit beidem kannst du dich achtsam verneigen.

Liebevoll handeln und liebevoll lassen,
in beidem kannst du den Augenblick fassen.

Liebevoll ruhen und liebevoll tanzen,
beides belebt deine Freude am Ganzen.

Liebevoll nehmen und liebevoll geben,
beides ist gütig und erwärmt unser Leben.

Liebevoll zweifeln und liebevoll hoffen,
Gott hält durch beides die Wege dir offen.

MARION KÜSTENMACHER

2. Januar

Vom Exodus-Mut beim Aufbruch

Durch Anfänge, die kein Ende haben,
schreiten wir von Anfang zu Anfang.

GREGOR VON NYSSA

Das zentrale mystische Bild im Weihnachtsevangelium ist das Neugeborene, in dem wir uns alle als Gotteskind erkennen können. Dabei geht es nicht darum, in kindlicher Naivität stecken zu bleiben oder dorthin zu regredieren. Im Gegenteil! Bei Lukas gipfelt die Kindheitsgeschichte Jesu in einem evolutionären Ausblick: »Das Kind aber wuchs und wurde stark, voller Weisheit, und Gottes Gnade lag auf ihm« (2,40). In der Weihnachtsgeschichte steckt also ein Zukunftsprogramm, sie ist gleichsam das Starterkit für unsere ganzheitliche Entwicklung in körperlicher sowie geistiger und spiritueller Hinsicht.

Als Morgengabe haben wir dafür einen in Gott gegründeten Anfängergeist in die Wiege gelegt bekommen.

Oft versperrt aber eine dichte Schicht scheinbarer Selbstverständlichkeiten die Sicht auf das, was in uns und um uns herum neu werden kann. Das noch junge Jahr ist eine gute Zeit, um diesen trüben Schaum abzuschöpfen. Dann sorgt der göttliche Anfängergeist dafür, dass man täglich einen neuen Anfang machen kann und nicht immer nur die gleichen Pfade läuft und im Gewohnten, im Gegebenen stecken bleibt. Wer im Anfängergeist zu Hause ist, kann sich selbst von Gott unterbrechen lassen. Das verlangt einen gewissen Exodus-Mut. Denn wer sich dem göttlichen Anfängergeist anvertraut, bewegt sich auf einem nicht unbedingt Sicherheit ausstrahlenden Feld in Richtung Neuland. Aber in diesem Wagnis liegt die Ressource des Lebendigen, das uns hinter den bekannten Horizont ziehen will.

Zur Kunst der Horizontverschiebung gehört es unbedingt, die eigene Welt nicht für die ganze Welt zu halten, sein bisheriges Wissen nicht für umfassende Erkenntnis, das Gewordene nicht für das Endgültige. Wer dem eigenen Werden vertraut und Veränderungen nicht scheut, kommt immer wieder in Berührung mit den unglaublichen Möglichkeiten Gottes, die durch ihn Wirklichkeit werden wollen: Von Augenblick zu Augenblick ein winziges Stückchen präsenter. Von Tag zu Tag ein klein bisschen mutiger. Von Woche zu Woche etwas flexibler, offener, motivierter … Jeder noch so kleine Aufbruch kann zu einem großen Durchbruch werden und in Neuland führen. Der jüdische Philosoph Walter Benjamin nannte einmal die Unterbrechung des ewig Gleichen die Pforte, durch die der Messias kommen kann. Diese Pforte steht immer offen – und der Messias wartet schon.

Kleiner Moment Seelenzeit

Von dem christlichen Wüstenvater Abba Prior heißt es, dass er jeden Tag einen Anfang machte. Mit welcher Aufgabe möchtest du heute als erstes beginnen? Oder auch einen Schritt machen, um einen ganz neuen Anfang zu setzen? Du kannst aber heute auch erst einmal deine Alltagsroutine unterbrechen und an einer Stelle von deinen gewohnten Wegen und eingefahrenen Abläufen abweichen. Was nimmst du dabei anders oder zum ersten Mal wahr?

Du sollst dich selbst unterbrechen.

DOROTHEE SÖLLE

Was von Gott kommt,
kommt meist in der Form des Beginnens,
nicht der fertigen Wirkung.
Gott wirkt nach der Weise des Lebens:
Er rührt an und löst Bewegung aus;
er legt einen Samen, der keimt,
wenn es Zeit ist;
er senkt eine Gestalt ein,
die langsam durchdringt.

ROMANO GUARDINI

3. Januar

Über das Gemüse-Universum hinaus

Denn auch der Himmel Kräfte arbeiten stets in Bildnissen, Gewächsen und Farben, zu offenbaren den heiligen Gott, auf dass er erkannt werde in allen Dingen.

JAKOB BÖHME

»Ich bin Realist, ich glaube nur, was ich sehe«, sagen moderne Rationalistinnen und richten ihre Augen auf die äußerlich sichtbare, materielle Welt. Mystiker dagegen schauen zusätzlich auch nach innen und erschließen sich damit die Tiefenschichten der Wirklichkeit. So sehen sie sowohl die reale Außenwelt als auch »die ewige Welt, von der dieses Gemüse-Universum nur ein schwacher Schatten ist«, wie es der englische Dichter und Künstler William Blake ausdrückte. Wie viele Mystiker hielt auch er es für unverzichtbar, »die göttliche Kunst der

Imagination auszuüben«, um auf diese Weise Gott im eigenen Inneren näher zu kommen.

Imaginierend peilen Mystiker die »mundus imaginalis« an, eine symbolhaltige Geistesschicht. Sie liegt zwischen dem »Gemüse-Universum« der real sichtbaren Außenwelt und der bilderlosen Sphäre des absoluten Geistes. Nachts im Traum zeigt sie sich ganz ohne unser Zutun als subtile Seelenlandschaft voller Bilder. Aber man kann sie auch wach durch Imaginationen erkunden. Im Arabischen spricht man von »alam al-mithal«, der »Welt der schwebenden Bilder«, weil es so wichtig ist, dass man sie absichtslos aus der Tiefe aufsteigen oder eben frei »heranschweben« lässt. Sie liefern gute seelische Erkenntnisse und fungieren als Übersetzer zwischen Körper und Geist. Es ist der Ort, wo das Spirituelle sichtbare Gestalt annimmt und die Seele ihre spirituelle Dimension erforscht. Die keltische Spiritualität nennt diese Interimswelt »fighte fuaighte«, »ein schönes Land, das mit sich selbst fließt«. Im Seelenland werden das Sichtbare und das Unsichtbare so ineinander und miteinander verwoben, dass ihre Verbindung so unauflöslich erscheint wie ein keltisches Bandmuster.

Es lohnt sich, dieser wunderbaren »mundus imaginalis« im eigenen Inneren bewusst Zeit und Aufmerksamkeit zu widmen. Dann zeigt sich nach und nach die großartige Landschaft der Seele. Wer sie auf der Suche nach guten Werten durchwandert, findet seinen persönlichen Seelenpfad, trifft auf hilfreiche innere Gestalten und fördert die Gottesfreundschaft, wie die Mystikerinnen versichern. Das verleiht den Mut, nach dem äußeren »Gemüse-Universum« und der inneren »Welt der schwebenden Bilder« auch das Reich des unendlichen Geistes zu betreten, in dessen Licht alle Bilder verschwinden.

Kleiner Moment Seelenzeit

Schließe die Augen und lass vor deinem inneren Auge Bilder eines Ortes »heranschweben«, der für dich pure Geborgenheit ausstrahlt. Erfasse ihn so genau wie nur möglich, indem du ihn aus allen vier Himmelsrichtungen betrachtest. Achte auf alle Details, die dir ein warmes, tröstliches Gefühl von Sicherheit und Heimat geben. An diesen inneren Ort kannst du dich jederzeit zurückziehen, sobald du ihn einmal gefunden hast. Dieser Seelenort ist immer für dich da. Er kann auch zu deinem persönlichen Tor in die bilderlose Tiefe werden, wo der Geist sich selbst schaut.

O unsichtbare Welt, wir sehen dich.
O nichtfühlbare Welt, wir berühren dich.
O Welt, die wir nicht kennen, wir erkennen dich.
Unbegreifliche, wir ergreifen dich!

FRANCIS THOMPSON

4. Januar

Die Leerstellen wahrnehmen

In allem, über jedes Besondere, was es auch sein mag, hinaus … die Leere wollen. Diese Leere ist voller als jegliche Fülle.

SIMONE WEIL

Irgendwann in diesen Tagen kommt der Moment, wo der Christbaum abgeräumt wird. Wo all die Kerzen, Lichterketten, glänzenden Kugeln, Strohsterne und bunten Anhänger von den Zweigen abgenommen werden. Wo die ganze herrliche Pracht für ein ganzes Jahr in Schachteln verschwindet und im Keller oder auf dem Dachboden aufbewahrt wird. Der Baum steht ohne jeden Schmuck da. Am Ende muss er selbst weichen und wird aus dem Haus geschafft. Seit einer Weile schon hatte er leise vor sich hin genadelt und eine neue Etappe eingeläutet: Statt Fülle ist nun Leerwerden angesagt. Der Christbaum verwandelte sich in einen Leermeister. »Plerosis«, die Fülle, und »Kenosis«, die Leere, sind zwei elementare Pole im geistlichen Leben. Früher begann die Adventszeit mit »Kenosis«: Sie war nicht vollgestopft mit süßen Genüssen wie Plätzchen, Lebkuchen, Christstollen, Punsch und Glühwein, sondern Fastenzeit. Erst dann kam das hohe Fest mit »Plerosis«, in seiner ganzen Fülle samt Festtagsschmaus. Auch wenn wir heute mit Weihnachten eine wochenlange Überfülle verbinden, so spüren nach den Feiertagen doch die meisten, wie wohltuend es ist, wenn nun wieder eine Phase des Leerwerdens und Lassenkönnens beginnt. Zum Zauber von Weihnachten gehört auch das gute Gefühl, dass es nicht nur kommen, sondern auch gehen darf.

Und so kann man die Leerstellen in der Wohnung nun bewusst wahrnehmen: Hier standen eben noch der Christbaum, die Krippe, die Weihnachtspyramide, die Lichterhäuschen, Kerzen ... An ihrer Stelle sind neue Fastenplätze entstanden, offene Räume, Freiflächen. Wer mit ihnen in Resonanz geht, spürt, dass es in uns selbst eine leere Kathedrale gibt, hoch und weit, die sich als Spielraum für Gottes Werdenkönnen erkunden lässt. Rühre an das Leere in deinem Leben, dort werden Blumen erblühen, heißt es im Zen. Damit kann man Weihnachten getrost hinter sich lassen. Gott wird mit uns ziehen und auf jetzt noch leeren Feldern Neues wachsen lassen.

Kleiner Moment Seelenzeit

Nimm dir heute vor, das Abräumen des Christbaums und das Wegpacken der Weihnachtsdekoration als Achtsamkeitsübung zu praktizieren. Plane genug Zeit ein, damit du dabei bewusst wahrnehmen kannst, wie du selbst jede leere Stelle erzeugst. Wenn alles weggeräumt ist, halte inne und mache dir noch einmal den Unterschied zwischen Fülle und Leere in deinem Zuhause bewusst. Wie fühlt sich dein Zuhause jetzt an?

Wenn der Gesang der Engel verklungen ist,
wenn der Stern am Himmel verschwunden ist,
wenn die Könige und Fürsten heimgekehrt sind,
wenn die Hirten wieder ihre Herden weiden,
fängt das Werk der Weihnacht an:
Verlorene finden,
Gebrochene heilen,
Hungrige speisen,
Gefangene frei machen,
Nationen erneuern,
Menschen Frieden bringen
und Musik im Herzen machen.

HOWARD THURMAN

5. Januar

Mit den Augen der Taube

Man kann wirklich nicht erkennen und wissen,
wie groß die Erhabenheit des göttlichen Logos ist,
wenn man nicht zuerst sozusagen Taubenaugen,
das heißt geistiges Verständnis erhält.

ORIGENES

Die Taube ist neben dem Adler das zentrale spirituelle »Krafttier« der jüdischen und christlichen Mystik. Noahs Taube steht für den Frieden und die unaufhebbare Verbindung zwischen Gott und Mensch. Im erotischen Hohelied der Liebe vergleichen die Liebenden ihre Augen mit Taubenaugen, die zu Hingabe und Vereinigung einladen. Eine Steilvorlage für Mystiker, die in Gott ihren Geliebten suchen und sich Taubenaugen wünschen.

Wie aber kann man sie öffnen? Ein wichtiger Tipp kommt vom ältesten Evangelisten Markus. Nur er schreibt, dass bei Jesu Taufe der Geist »wie eine Taube« in ihn *hinein* kommt, nicht auf ihn *herab*! Dass die Taube in unserem Inneren ihre Augen für den Himmel öffnet und ein Symbol für das geistige (oder dritte) Auge ist, wussten noch die frühen Kirchenväter. Origenes nennt die »Augen der Taube« feine inwendige Sensoren, mit denen man die Wirklichkeit des göttlichen Logos erfassen kann. Gregor von Nyssa sprach davon, dass die Seele immer schöner wird, wenn sie sich dem Licht nähert, das nach ihr ruft. Das Licht verwandelt die Seele in eine Taube, die in Richtung Transzendenz fliegt. Dabei wird sie »von Herrlichkeit zu Herrlichkeit verwandelt«, also in immer feinere, umfassende und vergeistigte Bewusstseinszustände versetzt. Auch der Hindu-Mystiker Yogananda sah in der Taube das geistige Auge symbolisiert. Offensichtlich liegen diesem Wissen universale mystische Erfahrungen zugrunde:

In der Kontemplation öffnet sich hinter der Stirn über der Nasenwurzel und den beiden geschlossenen Augen das »Auge der Taube«. Hier liegt das Keilbein oder »Os sphenoidale«. Dieser hochkomplexe Knochen ähnelt einer Taube oder einem Schmetterling. Wenn die Versenkung tief genug ist, kann man das zarte Vibrieren der beiden »Taubenflügel« des Keilbeins spüren. Die Schwingung des Heiligen Geistes wird als goldener Ring im Dunkeln wahrgenommen (der »Heiligenschein« zeigt sich also innen!). Im Ring taucht man ein in die tiefblau schwingende Sphäre des Christusbewusstseins, die »Heilige Nacht«. Aus ihrer Mitte kann in tiefer Bewusstseinsstille ein blendend weißer Stern aufleuchten. Das ist der inwendige »Stern von Bethlehem«, dessen intensives Licht wie ein Blitz alles erleuchtet. Gold-Blau-Weiß ist im inneren Schauen die reine Sphäre des absoluten Geistes, dessen ewiger Friede den gesamten Mikro- und Makrokosmos durchdringt. Die Taubenaugen des Geistes öffnen also das Tor zur wahren Weihnacht, der Gottesgeburt auf dem Seelengrund.

Kleiner Moment Seelenzeit

Setze dich aufrecht hin und schließe deine Augen. Nimm eine Weile wahr, wie dein Atem sanft durch die Nase ein- und ausströmt. Lenke deine Aufmerksamkeit dann auf den Punkt über der Nasenwurzel hinter der Stirn. Hier kannst du mit geschlossenen Augen die »Taube« des Heiligen Geistes imaginieren, deren zarte Flügel sehr sanft im Raum hinter deinen Augenbrauen vibrieren. Atme mit diesem leisen Rhythmus mit, der dich in einen Zustand tiefen Friedens versetzt.

Wenn ich dem Himmlischen
in freiem Fluge zustrebe wie die Taube,
und mein Geist dabei allein auf dich [Gott] ausgerichtet ist,
dann wird mein Herz eine Stelle für dich sein,
die an Köstlichkeit alles übersteigt.

GERTRUD DIE GROSSE VON HELFTA

6. Januar

Durchscheinend für Gott werden

Jesus spricht: Wenn sie zu euch sagen »Woher kommt ihr?«, dann sagt ihnen: »Wir sind aus dem Licht gekommen, von dort, wo das Licht aus sich selbst geboren ist.«

THOMASEVANGELIUM, LOGION 50

Im Sufismus spricht man von drei Aspekten der mystischen Reise: Sie kommt aus Gott und beginnt mit unserem Erdenleben. Sie findet, zweitens, zeitlebens in Gott statt, auch wenn für unseren rein rationalen Verstand ein »Schleier« darüber liegt, und er es nicht erkennen kann. Wenn, drittens, die Reise nach innen und so zurück zu Gott führt, erkennt man sich als »Licht vom Licht« und wird mit ihm eins. Der Schleier wurde für immer weggezogen. Darum werden im Arabischen »asfar«, »reisen« und »isfar«, »enthüllen« mit dem gleichen Konsonantenstamm »s-f-r« geschrieben. Der christliche Terminus für diese Enthüllung ist Epiphanie, wörtlich Erscheinung. Wer eine Erscheinung hat, erkennt etwas Verborgenes, dem geht ein Licht auf. Maria erlebt das, dann Josef, die Hirten, Simeon und die »magoi apo anatolôn«, die »Weisen vom Aufgang [des Lichts]«, was mit Osten, Orient oder Morgenland übersetzt wird.

Es vergingen Jahrhunderte, bevor die »Weisen vom Aufgang des Lichts« zu würdigen Königen wurden: Caspar, der Schatzmeister. Wer das Licht im eigenen Seelengrund schaut, ist Schatzmeister im Lichtreich Gottes. Melchior, der Lichtbringer. Wem dieses unvergängliche Licht aufgegangen ist, kann es auch in anderen sehen und Licht in ihr Dunkel bringen. Balthasar, der Beschützer. Im Blick auf das Kind in der Krippe hütet er das Licht, besonders bei den Schwachen und Verletzlichen.

Der Stern führte die Weisen nach Bethlehem, wo das göttliche Licht im Inneren eines Menschenkindes »enthüllt« wurde. Dieses Kind sagte später von sich und uns: »Ich bin das Licht der Welt. Ihr seid das Licht der Welt. Wer mir nachfolgt, wird nicht im Finstern wandeln, sondern das Licht haben.« (Joh 8,12 und Mt 5,14) Alles – ob hell oder dunkel – wird diaphan, durchscheinend in diesem Licht. Wer das erlebt, wird ein Lichtmensch, eine Lichtung für Gott, ein Segen für die Welt und eine wahrgewordene Weihnachtsgeschichte.

Kleiner Moment Seelenzeit

Versenke dich so oft es geht in die Vorstellung, dass in deinem Inneren ein strahlendes Licht hervorbricht. Es erhellt jede Faser deines Körpers und strömt durch dich hindurch. Mache dich nun so durchlässig wie möglich, damit das Licht aus allen deinen Poren hinaus in die Welt fließen kann. In dir und um dich herum ist nichts als Licht. Du bist ein Lichtmensch und eine Lichtung für Gott. Wiederhole diese Übung auch, indem du das Licht meditierst, wie es andere Menschen erleuchtet und aus ihnen herausströmt. Es ist in uns allen.

Gottes Licht und das Licht der Seele
sind nur ein einziges Licht.
Das natürliche Licht der Seele leuchtet,
mit dem übernatürlichen vereint,
mit ihm zusammen
als ein einziges göttliches Licht.

JOHANNES VOM KREUZ

Epiphanias
Dreikönigstag

Wieder leuchtet mir das Licht.
Wieder schau ich klar das Licht.
Wieder schließt es mir den Himmel auf,
und die Nacht verscheucht es mir.
Wieder deckt ´s mir alles auf
Und bringt mir alles an den Tag.
Wieder schaue ich das Licht allein...
Wieder weilt,
der über allen Himmeln ist,
den keiner von den Menschen
je gesehen, in mir ...
Hier bin ich gänzlich nun in Wahrheit ich,
wo nur noch Licht um mich ist,
nur noch Licht.

SYMEON DER NEUE THEOLOGE

Namensregister

Liedvorschläge

EG Evangelisches Gesangbuch (BY und TH)

GL Gotteslob

1. Dezember *Seht, die gute Zeit ist nah* (Friedrich Walz nach einem Weihnachtslied aus Mähren, 1972, EG 18)

2. Dezember *Christmas Time* (Bryan Adams, 1985)

3. Dezember *Fröhliche Weihnacht überall* (Heinrich Liebhart, 1882, August Heinrich Hoffmann von Fallersleben zugeschrieben)

4. Dezember *Ihr Hirten, erwacht!* (Heinrich Bohne, 1847)

5. Dezember *Maria durch ein Dornwald ging* (Marienlied, 1608, GL 224)

6. Dezember *Lasst uns froh und munter sein* (19. Jh.)

7. Dezember *Wir tragen dein Licht* (Rolf Krenzer, Detlev Jöcker, 2001)

8. Dezember *Josef, lieber Josef mein* (Johann Walter, 1544)

9. Dezember *Von guten Mächten wunderbar geborgen* (nach einem Gedicht von Dietrich Bonhoeffer, 1944, EG 637)

10. Dezember *Alle Jahre wieder* (Wilhelm Hey, 1837)

11. Dezember *Äpfel, Nuss und Mandelkern* (Eugen Eckert, 2003, nach einem Gedicht von Theodor Storm)

12. Dezember *Hört der Engel helle Lieder* (nach dem französischen Weihnachtslied *Les Anges dans nos campagnes*, 18. Jh., EG 54)

13. Dezember *Nun macht euch auf ihr Könige* (Anonym, um 1860)

14. Dezember *Es ist ein Ros entsprungen* (Anonym, 1599 EG 30, GL 243)

15. Dezember *Stern über Bethlehem* (Alfred Hans Zoller, 1964, EG 545, GL 261)

16. Dezember *Großer Gott, wir loben dich* (Ignaz Franz, 1768, EG 331, GL 257)

17. Dezember *Zu Bethlehem geboren* (Friedrich Spee, 1638, EG 32, GL 239)

18. Dezember *Komm, wir gehen nach Bethlehem* (Anonym, um 1900)

19. Dezember *O du fröhliche* (Johannes Daniel Falk, Heinrich Holzschuher, 1816 EG 44, GL 238)

20. Dezember *Ich steh an deiner Krippe(n) hier* (Paul Gerhardt, 1653, EG 37, GL 256)

21. Dezember *Kommt, wir teilen das Brot* (Friedrich Walz, 1976, EG 579)

22. Dezember *Nun singet und seid froh* (Hannoversches Gesangbuch, 1646, EG 35) bzw. *In dulci jubilo* (Heinrich Seuse zugeschrieben, um 1400, GL 253)

23. Dezember *Ihr Kinderlein, kommet* (Christoph von Schmid, 1808, EG 43, GL 248)

24. Dezember *O Tannenbaum* (August Zarnack, 1819)

25. Dezember *Gott ist gegenwärtig* (Gerhard Tersteegen, 1729, EG 165)

26. Dezember Tochter *Zion, freue dich* (Friedrich Heinrich Ranke, 1820, EG 13, GL 228)

27. Dezember *Vom Himmel hoch da komm ich her* (Martin Luther 1535, EG 24, GL 237)

28. Dezember *Nun schläfet man* (Gerhard Tersteegen, 1745, EG 480)

29. Dezember *Herbei, o ihr Gläubigen* (Friedrich Heinrich Ranke, 1823, EG 45) bzw. *Nun freut euch, ihr Christen* (Joseph Hermann Mohr, 1873, GL 241), nach *Adeste fideles* (John Francis Wade und Jean Francois Borderies um 1790, GL 242)

31. Dezember *Das Jahr geht still zu Ende* (Eleonore zu Stolberg-Wernigerode, 1867, EG 63)

31. Dezember *Ausgang und Eingang* (Joachim Schwarz, 1962, EG 175, GL 85)

1. Januar *Happy New Year* (ABBA, 1980)

2. Januar *Bewahre uns, Gott* (Eugen Eckert, 1987, EG 171, GL 453)

3. Januar *Du meine Seele, singe* (Paul Gerhardt, 1653, EG 302)

4. Januar *The Art of Letting go* (Fia Forsström, 2016)

5. Januar *Öffne meine Augen* (Psalm 119,18, EG 176, GL 441,1)

6. Januar *Mache dich auf und werde Licht* (nach Jesaja 60,1, Kommunität Gnadenthal, 1972, EG 539, GL 219)

Erster bis vierter Advent *Wir sagen euch an den lieben Advent* (Maria Ferschl, 1954, EG17, GL 223)

Die Krippe *Stille Nacht, heilige Nacht* (Joseph Mohr, 1818, EG 46, GL 249)

Weihnachtsfeiertage *Dies ist die Nacht, da mir erschienen* (Kaspar Friedrich Nachtenhöfer 1684, EG 40)

Neujahr *All Morgen ist ganz frisch und neu* (Johannes Zwick 1545, EG 440)

Epiphanias *Du Morgenstern, du Licht vom Licht* (Johann Gottfried Herder, nach 1817 bearbeitet, EG 74)